今日から
モノ知り
シリーズ

トコトンやさしい

トヨタ式
作業安全の本

石川君雄

「安全な作業は、作業の入り口」―。安全は、モノづくりで利益を獲得する第一歩になります。快適に働ける職場に向けて、現場に潜む危険をあぶり出し、改善することは今や必須です。現場主導で安全活動を進める工場は高品質の製品を生み、儲かる工場になります。

B&Tブックス
日刊工業新聞社

はじめに

1912年、日本で最初の安全活動を行った人は小田川全之氏（古川鉱業足尾鉱業所所長）で、アメリカで銅の採鉱や精錬を勉強していたときに、現地産業界で提唱されていた「セーフティーファースト」の考えを持ち帰り、「安全専一」と訳して所属する事業場構内に掲げ、安全活動を開始しました。今から約110年あまり前のことでした。

その後、多くの民間企業が安全活動に注力し、災害件数も減ってきました。現在では自動化、高速化、高密度化、複雑化、また少子化、高齢化、ソフト化、サービス化、国際化など新たな環境変化に伴う、災害や健康不安が生じています。

このたび、生産システム（TPSなど）として国内に冠たる位置を築いている、トヨタ自動車およびそのグループの、安全などに関する最前線の取り組み内容をまとめました。トヨタが安全を前面に出したのは1957年で、豊田英二専務取締役が全従業員に対して、「安全な作業・確実な作業・熟練した作業」を呼びかけたときでした。『安全は作業の入り口です。私たちは、まずしっかりと、この入り口を通りましょう』という言葉で、これを安全衛生基本理念とし、災害などの未然防止活動を推進してきたのです。

設備安全については、1995年10月、生産技術部門役員の北野幹雄氏が『「安全設計は生技部門の責任であること。安全設計が生産技術の基本条件であること。安全設計を理解・実践・伝承できること」が管理者の基本条件』と強調しています。さらに2017年9月、豊田章男社長は「トヨタ自動車　健康宣言　～健康第一の会社を目指して～」を発表しました（詳しくは本文をご参照ください）。

安全衛生健康に特効薬はありません。日頃の地道な改善と、確実な意識改革により進めていくことが基本です。

今度は逆に、歴史を遡ってみます。トヨタグループの源流企業とされる豊田自動織機は、自動織機を発明した豊田佐吉翁が設立しました。その最高傑作が1924年に完成し、G型自動織機と呼ばれていますが、これは5つの主要な発明機構とユニットで構成されたものです。品質、故障保全、安全、生産性など50件を超える発明考案により、24の自働化、保護・安全装置などの機構・装置で成り立っています。ここには機械が異常を起こすと、機械を止める装置が組み込まれています。トヨタ生産方式の2本柱の1つであるニンベンのついた「自働化」です。

豊田佐吉翁は次のように言っています。「予ノ終局ノ目的ハ自動織機ト環状織機トニアリ」（発明私記）。そして、自動織機のほかにもう1つ、環状織機にも取り組みました。環状織機は省エネルギー、低騒音・低振動が特徴です。特に騒音は、G型織機では92dB（A）ありましたが、環状織機では72dB（A）と改善されています。したがって、労働衛生上きわめて優れた機械と言えます。

豊田佐吉翁のご子息で、トヨタ自動車社長となった豊田喜一郎氏も、自動織機の研究開発に取り組んでいました。さらに、1933年に豊田自動織機の中に自動車部が設立され、自動車の開発に本格的に取り組むことになったのが、現在への系譜につながっているのです。

本書は、以下の構成で成り立っています。第1章では、安全を取り巻く現在の環境と工場経営について述べ、第2章では、工場で起こっている具体的な災害を列挙しています。第3章は問題点の改善手法を、第4章は災害の発生部や原因の細部について解説します。そして、第5章は安全に必要な「安全7つ道具」を取り上げ、第6章は安全確保のための実行動など、第7章は設備安全に対する技術面を述べ、最後の第8章は安全のための人づくりについて説明しています。

本書の理解を促すため、たくさんの図表を使用していますが、中小企業診断士の竹本恵子氏にその作成協力をいただきました。感謝いたします。今後のさらなる活躍を期待します。また、出版の機会を与えていただいた日刊工業新聞社出版局の矢島俊克氏には、多岐にわたりお世話になり感謝に堪えません。

本書が製造業に限らずサービス業などに至るまで、安全に関する基本的な考えを理解し、自社の災害などを少しでも削減されることに、お役に立てるなら幸甚です。

石川　君雄

２０１8年1月
三河安城にて

目次 CONTENTS

第1章 工場経営と安全の密接な関係

第2章 工場で発生するケガと災害

第3章 安全改善に向けた活動

第4章 ケガと災害をつぶす

第7章 設備安全へのアプローチ

第8章 安全レベルを引き上げる人づくり

第1章

工場経営と安全の密接な関係

1 セーフティーファースト（ご安全に）

「安全第一」は企業経営の"基本中の基本"

　私たちのまわりには、便利な道具や快適な製品が満ちあふれています。これらを使う場合の安全（製品安全）と、こうした製品を生み出す工場で、設備稼働時や人の作業時の安全（設備安全・作業安全）を確保しなければなりません。工場では日当たり生産量を遵守するために、ともすると安全について忘れがちになります。このようなチョットした気のゆるみが、災害を発生させてしまうのです。

　ひとたび起こしてしまった災害は取り返しが利きません。そこで安全確保のため、設備や人に対する投資などを企業経営の第一優先課題と位置づけ、「安全第一」と表明します。「安全第一」とは米国の鉄鋼会社、USスチール社のゲーリー社長が提唱し、自社の災害撲滅のため、従来の「生産第一・品質第二・安全第三」主義から、「安全第一・品質第二・生産第三」主義への変更を誓ったものです。こうした社内改革により災害が減少し、あわせて品質や生産性も向上したことが知られています。

　このように、安全第一を企業経営の第一優先目的として据えることで、人・設備への投資など各種安全施策を充実させ、災害を減少させます。さらに、これにより品質や生産性の向上ができ、明るい活動的な企業に生まれ変わることができます。

　まず、安全第一の目的を理解し、安全マネジメント能力の向上に向けて取り組みます。安全活動の運営能力のみならず、不安全箇所の感知能力や潜在的な不安全箇所の顕在化能力の向上を図ります。効果的な安全施策を行い、現場の目線に沿った、また作業者の知恵を活かした改善を実施します。そのためには、啓蒙や教育訓練も必要です。

　このとき、「安全第一」の文字だけでなく緑十字のシンボルと合わせて、安全旗や安全腕章、安全帽に貼る安全シール、安全心得、安全タワー、安全の門などに表示すると、啓蒙に有効です。

要点BOX

- ●「安全第一」を企業経営の基本に据える
- ●「安全第一」は生産性向上など利益確保にも貢献する

「安全第一」の4つの留意点

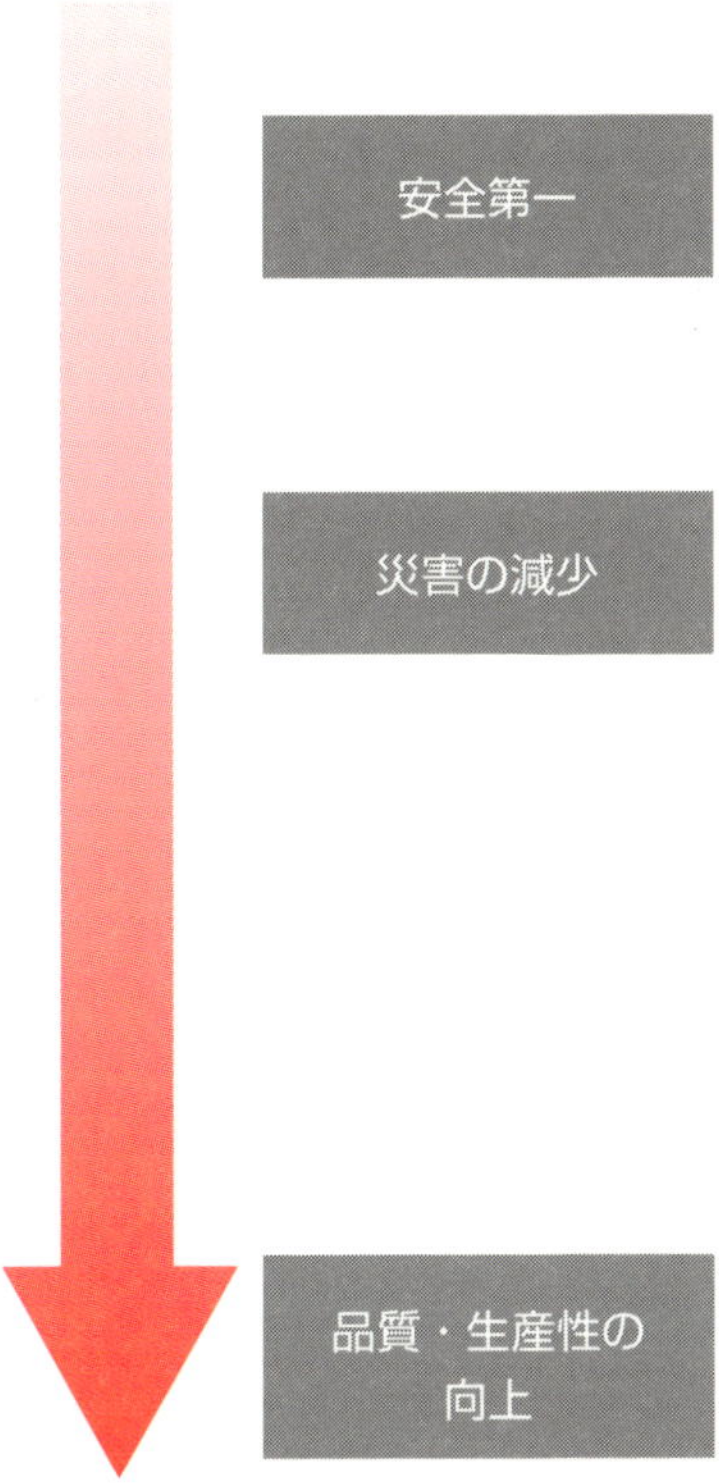
安全第一
災害の減少
品質・生産性の
向上

①目的の理解

安全第一の目的を理解する

②安全マネジメントの能力向上

安全活動の運営能力のみでなく、不安全箇所の感知能力、潜在的な不安全箇所の顕在化能力を向上させる

③効果的な安全施策

現場の目線に沿った、また作業者の知恵を活かした施策と改善をする

④教育訓練

啓蒙や実務能力向上のための教育訓練を行う

「安全第一」の啓蒙ツール

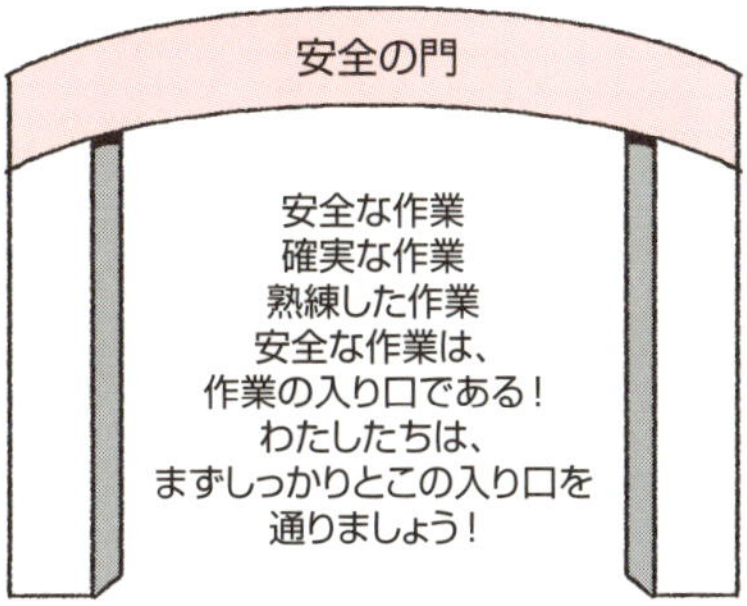
安全の門
安全な作業
確実な作業
熟練した作業
安全な作業は、
作業の入り口である！
わたしたちは、
まずしっかりとこの入り口を
通りましょう！

用語解説

製品安全：工場などで生み出される製品や、製品を使って行われるサービスの安全性を指す。製品の機能上の安全に加えて、あらゆる使用状況・環境を考慮し、使いやすく誤用されない設計が求められる

労働安全（作業安全、設備安全）：労働は機械設備や素材、工具などを用いて行う。その際の作業方法や作業環境を整備して、ケガのない安全な職場にすること

2 安全は利益の源

安全は儲かるもの

経営者にとっては、社会に役に立つ企業として永続的に発展させていくことが命題です。そのためには、適正な利益を生み出さなくてはなりません。利益は、簡単に言うと売上から経費を差し引いたものです。したがって、利益を確保するためには売上を増やすか経費を減らすことになります。

企業は商品やサービスを提供し、対価を受け取ります。商品やサービスを購入しようとする顧客は、商品の機能や品質、価格、納期などを勘案して購入先を決めます。このとき、環境や安全に配慮した商品・サービスであるかが重要になってきます。たとえば、引き戸に設けられた指はさみガードなどはその一例です。商品の使用時に問題が起きると企業価値は下がりますが、逆に顧客満足を提供できると、企業イメージやブランドの向上に好影響を与えます。ひいては売上増につながります。

商品やサービスを顧客に提供するには、原材料費や人件費、エネルギー費などが伴います。商品開発の際に単純な安全配慮設計を行うと、その分の原材料費、加工費、作業時間、人件費が増加します。したがって、これらの増加要因を解析し、費用低減活動に着手します。こうした活動によるノウハウの蓄積により、現場の改善能力が向上します。

現場の作業安全・設備安全のレベルを改善活動で引き上げると、作業がしやすくなり生産性も向上します。何よりも作業者はケガによる痛みがなくなり、非定常作業を回避できることで計画通りに生産が進められ収益に大きく貢献します。

安全に配慮した商品・サービスでマーケットリーダーとなり、付加価値を向上して売上増を狙うのです。VEなどの改善活動を通じて費用を捻出し、作業安全・設備安全を進めることで生産性向上を図ります。こうした展開は、しっかりした青写真を描きながら計画的に進めるとよいでしょう。

要点BOX

- ●安全はブランドの向上に役立つ
- ●安全はロスの削減に役立つ
- ●安全を意識した商品開発は収益につながる

利益の構造

利益 ＝ 売上高 − 経費

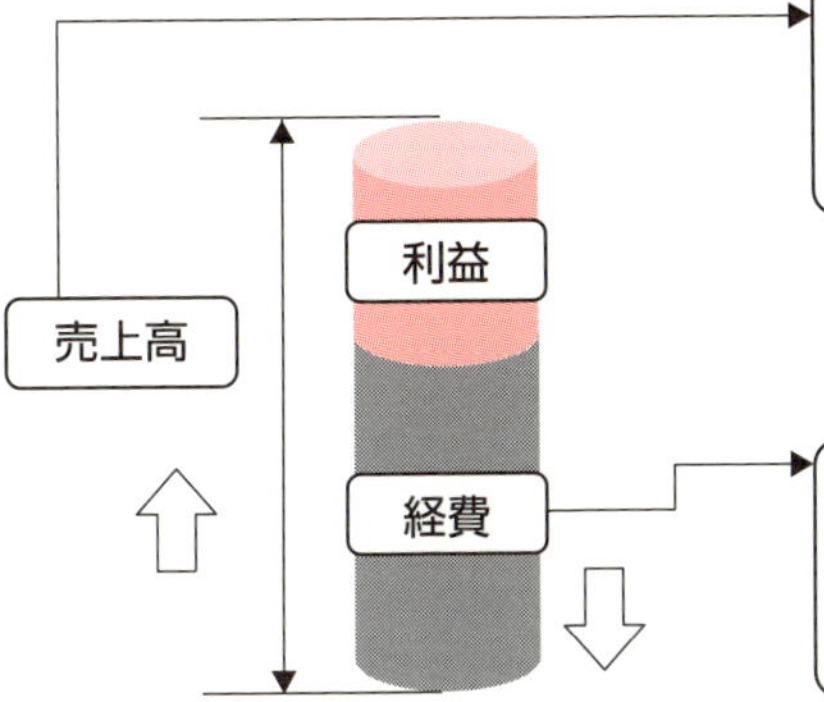

①売上高の向上

安全な工場でつくられている安全な商品
およびこれにより構築されたブランド

②経費の削減

安全な作業方法、安全な設備により
安定した不良のない効率的な工程

安全配慮商品の例

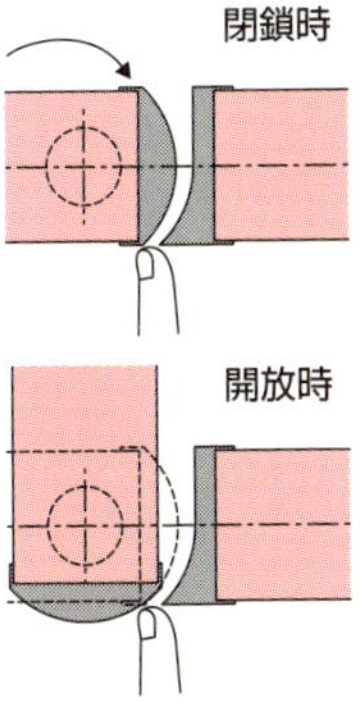

上から見た図

ドアが閉まっている状態

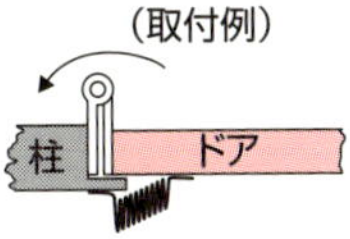

ドアが開いている状態

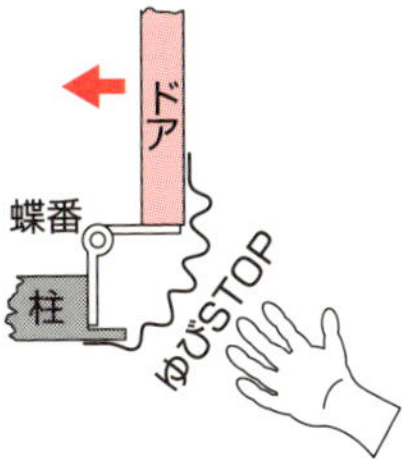

用語解説

安全配慮：労働者が生命や身体などの安全を確保しつつ、労働することができるよう、使用者が配慮することを意味する

マーケットリーダー：ある市場で最大のシェアを持つ企業およびブランドのこと。市場拡大、新規顧客獲得、購入量増大、新製品投入を戦略とする

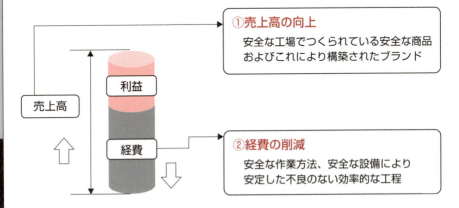

3 安全におけるトップの役割

ますます求められるCSR

労働安全を推進する上で、トップの役割は重要です。行政機関による産業事故災害防止対策会議では、トップの役割を次のように提示しています。

○安全確保を企業経営の最重要課題として位置づけ、その旨を表明すること

○自らの責任において関係法律を遵守し、安全確保に向けた実効性のある活動を展開できる仕組みを構築し、実施すること

災害の発生が少ない安全〝先進〟企業は、トップが積極的に安全関連のイベントや施策を仕掛けるなど、さまざまな工夫をしています。このようなトップの責務としては、「安全第一」の考えを企業経営として徹底すること、そして自らが安全衛生活動を率先垂範することが挙げられます。

作業安全や設備安全を確保するため、危険性の評価と災害防止措置の実施、すなわちリスクマネジメントも重要な取り組みです。このほか安全性向上のための設備投資・人的教育訓練や、協力会社との連携による安全衛生コミュニケーションの緊密化、具体的なKYT活動、想定ヒヤリ活動、災害体感活動などを現地・現物による確認も欠かせません。

具体的には、企業理念やミッション、方針などへの安全事項の表明から実施します。安全掲示板などによる社内掲示のみならず、HPなどで社外へ公表し、社会的な評価を高めるとともに社内の安全意識向上に務めましょう。ほかにも、安全道場の設置による安全管理体制と教育の充実や、ヘルメットに「安全宣言」シールを貼り付けるなど個人別の具体的な安全行動に展開します。

企業トップが強い「安全意識」を持ち、「安全方針」を示しつつ、作業者個人レベルの「安全宣言」を実施することは、企業の社会的責任を果たす上で必須です。品質、環境、法令遵守、消費者問題、労働慣行などとともにCSRの一翼を担っています。

要点BOX

●CSRの中で安全は最重要事項の1つ

●企業のトップには安全責務に対する認識と具体的な執行が問われる

企業トップの安全責務一覧

1 「安全第一」の考えを企業経営として徹底

2 企業トップ自ら安全衛生活動を率先垂範

3 安全のためのリスクマネジメント

4 安全性向上のための設備投資および人的教育訓練

5 関連会社、協力会社との連携、コミュニケーションの緊密化

6 安全衛生活動を現地・現物確認

企業トップの具体的実施事項一覧

1 企業理念、ミッション、方針などへの安全事項の盛り込みと表明

2 社内外に向けたHPなどでの公表。社会的な評価の向上や社内の安全意識の向上を推進

3 会議体整備と安全管理体制の充実

4 具体的な安全衛生活動の推進指示

5 具体的な安全行動を支援

用語解説

企業理念、ミッション：企業が存在する意味や基本的な考え方、進むべき方向性を示したもの。全員が共有思想として持ち、達成に向けて求心力を高めることができる

CSR（corporate social responsibility）：「企業の社会的責任」と言われる。利益追求のみでなく、ステークホルダーに対して安全衛生や説明責任、法令遵守など企業活動に責任を求めている

4 グローバル安全衛生は「待ったなし」

問われる世界同一の仕組み

　現在では、大企業はもとより中小企業も海外展開を行っています。海外に拠点を設け、現地生産のみならず、販売やさらに他国への輸出も拡大しています。現地の事情に即した製品を生産するため、開発部門も進出しています。現地での生産体制は、現地で採用した人材を中心に、日本で教育訓練を経験した現地従業員と日本からの赴任者で構成されます。日本人社員にとっては、現地設備が従来の環境とは異なることで災害を招く可能性は増しており、それを防ぐことが求められます。

　海外工場の設備は、日本と同じ安全レベルではないことが多いです。中古設備を日本から移設して使用したり、現地で調達した旧式設備を使用したりすることが理由です。そこで、現地で使用している設備と日本で使用している設備の違いをまず確認し、安全留意事項を明確にして対応します。

　また、停電などインフラ事情を考え、安全上の支障が及ばないことを確認します。工場内温度や屋外砂塵が制御装置に影響しないか、故障時に安全上の問題がないかなどを把握します。衛生面では温度や湿度、飲料水、虫、細菌のほか、コミュニケーション面におけるメンタルヘルスにも注意が必要です。

　現地従業員を日本に派遣して安全衛生教育をする際には、日本の設備を使って実技と座学を行います。作業衣着用の意味や保護具着用の重要性を、きちんと理由をつけて教育します。5Sは安全活動でも重要なテーマですが、このうち「躾」の徹底が大切です。実技のうち危険体感教育はとりわけ有効ですが、日本で学んだ安全項目を帰国後、現地工場に根づかせる意識を持ってもらうことを重視します。

　一例として、東南アジアではヘルメットを被らずバイク通勤する姿をよく目にします。安全意識が日本とは異なるようです。そこで現地法を考慮した上で、適正な工具・保護具教育から始めます。

要点BOX

- ●グローバルに通用する人材を育成する上で、工場の労働安全については喫緊の課題
- ●海外拠点の実情に沿った現実的な手段を準備

工場におけるグローバル人材の必要要件

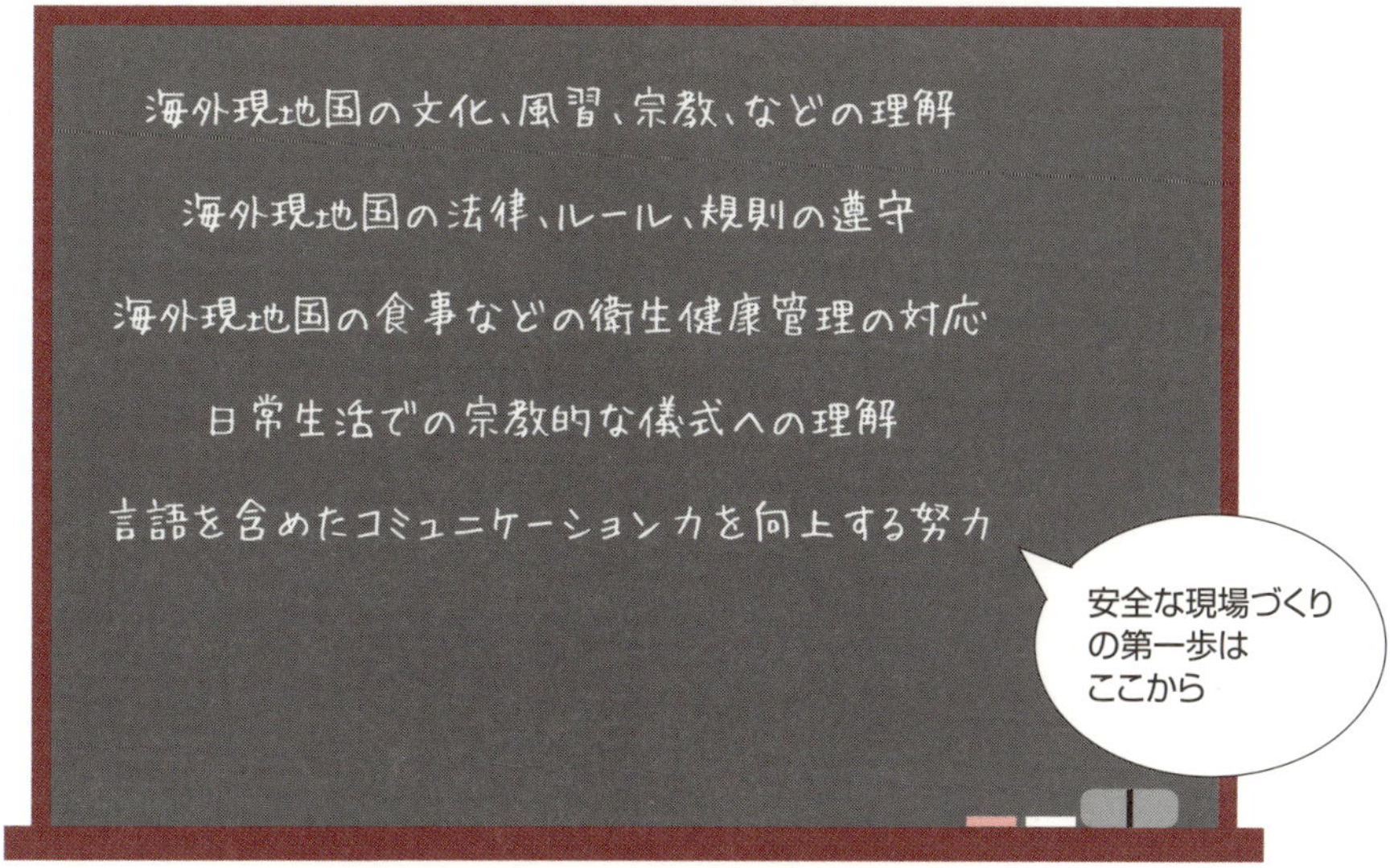
海外現地国の文化、風習、宗教、などの理解
海外現地国の法律、ルール、規則の遵守
海外現地国の食事などの衛生健康管理の対応
日常生活での宗教的な儀式への理解
言語を含めたコミュニケーション力を向上する努力
安全な現場づくりの第一歩はここから

グローバル安全大会への招待

第3回 ニッカン工業グローバル安全大会
アユタヤ工場
安全対策報告
発表事例
1. タイ 工場
2. フィリピン工場
インドネシア工場

用語解説

インフラ事情：電力や上下水道など生活や産業の基盤になる公共的施設の状況を示す。特にエネルギーや物流、情報に関するインフラは工場安全において重要

メンタルヘルス：「心の健康」と訳される。仕事内容や職場環境、精神的な疲労などにより精神障害を発生することがある。「セルフケア」「職場によるケア」「事業場内スタッフによるケア」「医療機関によるケア」の4つのケアが重要

5 安全活動の評価はどう行う

自分たちの安全レベルを知ろう

安全活動は、災害を防止し減少させるための活動です。災害を効率良く減少させるために、問題点を摘出して改善を図ります。そのために、安全活動を振り返って正しく評価することは重要です。

安全活動の評価は、結果指標とプロセス指標、その他の指標をもって行われる場合が多いです。結果指標は以下に示すものが主なものです。

①災害件数：ケガなどの災害が発生した件数。工場では休業、不休、赤チン災害などに分類してケガの原因を分析し、対策につなげます。

②度数率：100万延労働時間当たりの労働災害による死傷者数・労働災害の頻度のこと。一定期間内の労働災害による死傷者件数を、期中の全労働者延労働時間数で割って100万を掛けたものです。

③強度率：1000延労働時間当たりの労働損失日数で、災害の重篤度を表わします。一定期間内の労働災害による労働損失日数を、期中の前労働者延労働時間数で割って1000を掛けたもの。労働損失日数は労働災害の程度により4区分されています。

④年千人率：1年間の平均労働者1000人当たりの死傷者数の割合を示します。

一方、プロセス指標はヒヤリ・ハット作成件数、安全提案改善件数、不安全箇所エフ付け・エフ取り件数などが主なものです。いずれも所属部署別、月別に推移グラフを作成して、優秀部署や優秀提案者には表彰を行ったり、安全衛生委員会で改善の横展開を行ったりします。

エフ付け・エフ取りは、現場の不安全箇所にエフ（絵符）をつけ、目印とする活動のことです。

その他の指標の主なものに、「各種作業主任者資格取得者数」「安全資格免許リフレッシュ教育者数」「安全体感教育者数」などがあります。

要点BOX

- ●評価指標は結果指標とプロセス指標が存在
- ●2つの指標により社長表彰などを行い、安全衛生活動の啓蒙をさらに促す

安全の結果指標

結果指標

1.災害件数（休業･不休･赤チン災害）

2.災害度数率

3.災害強度率

4.年千人率

安全のプロセス指標

安全指標のためにやるべきことを管理しよう!

◎プロセス指標

1.ヒヤリハット件数

2.安全提案件数

3.不安全箇所にエフ付け、エフ取り件数

4.安全ワンポイントレクチャー作成件数

5.安全教育受講者数

6.各種安全関連免許道場取得者数

用語解説

労働損失日数：労働災害による死傷者の延べ労働損失日数のこと。たとえば、死亡・永久全労働不能の場合は 7,500 日。一時労働不能の場合は、暦日の休業日数に 300/365 を乗じた日数

一時労働不能：災害発生の翌日以降、少なくとも1日以上は負傷のため労働できないが、ある期間を経過後に治癒し、等級表の1～ 14 級の障害を残さないもの

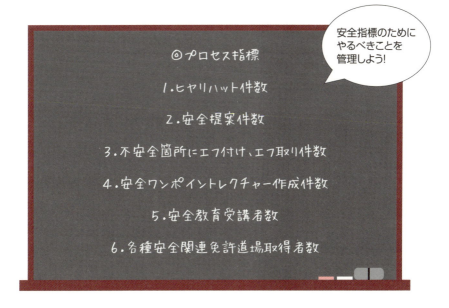

6 現場の多様化とヒューマンエラー

誰でも起きる可能性があると考える

ご多分に漏れず、製造業の現場も多様化が進んでいます。人で見ると、新人から中堅、熟練技能者まで、男性と女性の違いに加え、外部派遣・臨時アルバイト、外国籍の作業者などさまざまです。

設備で見た場合は、新旧の違いや単発機もしくは複数設備のネットワーク連動型かどうか、さらには放射線やレーザーを使った線源などの視認性が困難な特別設備などがあります。材料面では、使用する素材に新しい物質が多数現れています。また、加工・合成などのプロセス面では多くの工法が開発されています。さらに生産拠点のグローバル化の進展により、従来以上の自然環境、社会環境、思想文化環境の多様化と、ネットワーク型企業・工場運営の進展による加速度的な多様化が進んでいます。

そのような、多様化の進展によって引き起こされるヒューマンエラーに注目が集まっています。ヒューマンエラーとは、事故や不良品などの原因となる人間の動作・判断のことです。具体的には、うっかりミスや失念、誤認などです。作業職場がますます多様化することにより、記憶する項目が増え、また選択する内容や条件も複雑になり、誤認識や誤判断につながりやすくなるのは間違いありません。

ヒューマンファクターの概念を図示したm-SHEL（エムシェル）モデルが知られています。m：マネジメント、S：作業標準、H：設備、E：作業環境、L：当事者（自分）・関係者を指し、人と取り巻く周囲の構成要素を表したものです。

これらの要素が当事者にしっかり噛み合っていないと、ヒューマンエラーが起きやすくなります。たとえば「誤り」という事象について、実施前のうっかりミスは「ミステイク」、実施時の失敗は「スリップ」、記憶の失敗は「ラプス」と区分されます。ヒューマンエラーの対策としては、チェックリスト、復唱、相互確認、指差呼称の実施が挙げられます。

要点BOX

- 現場の多様性が進むことでヒューマンエラーがより顕在化する
- ヒューマンエラーを安全対策に含める

ヒューマンエラーの構成

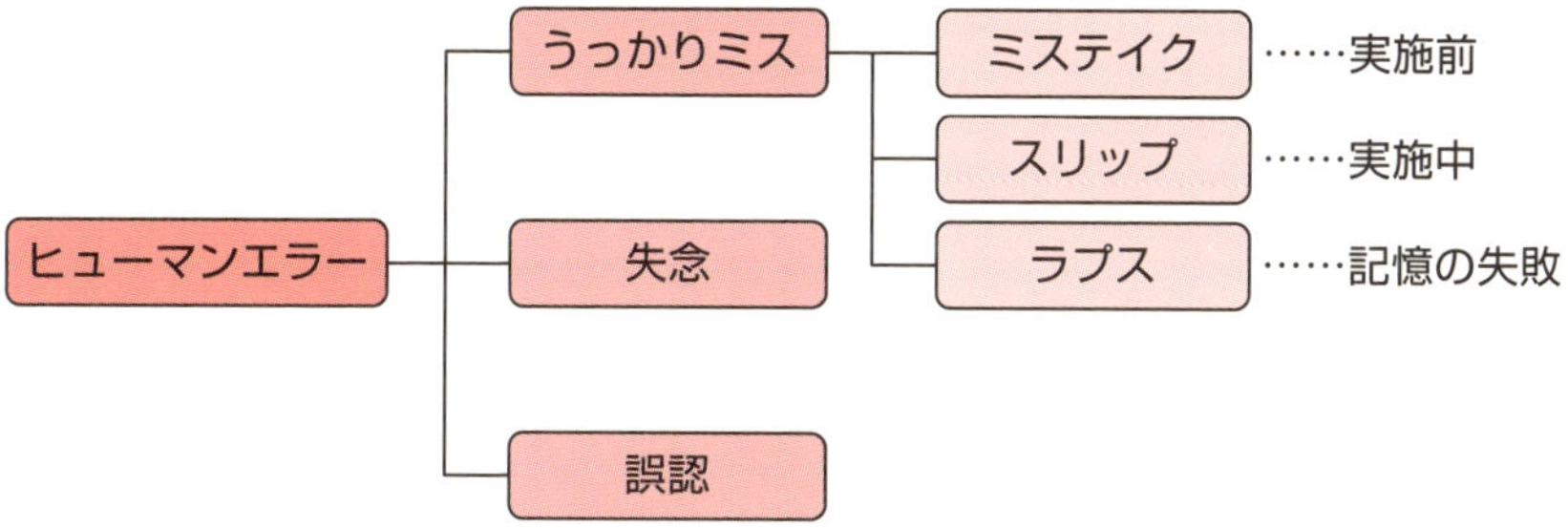

m-SHELモデル

L(Liveware)	作業者本人
m(Management)	LとS,H,E,Lとの間に隙間をつくらない、バランスをとるもの
S(Software)	作業手順や作業指示の内容、教育訓練方式などのソフト的要素
H(Hardware)	作業に使われる道具、機器、設備などのハード的要素
E(Environment)	照明、騒音、温度、湿度、作業空間などの作業環境に関わる要素
L(Liveware)	作業者の周りにいる人。作業者に指示命令をする人や作業を一緒に行う同僚など

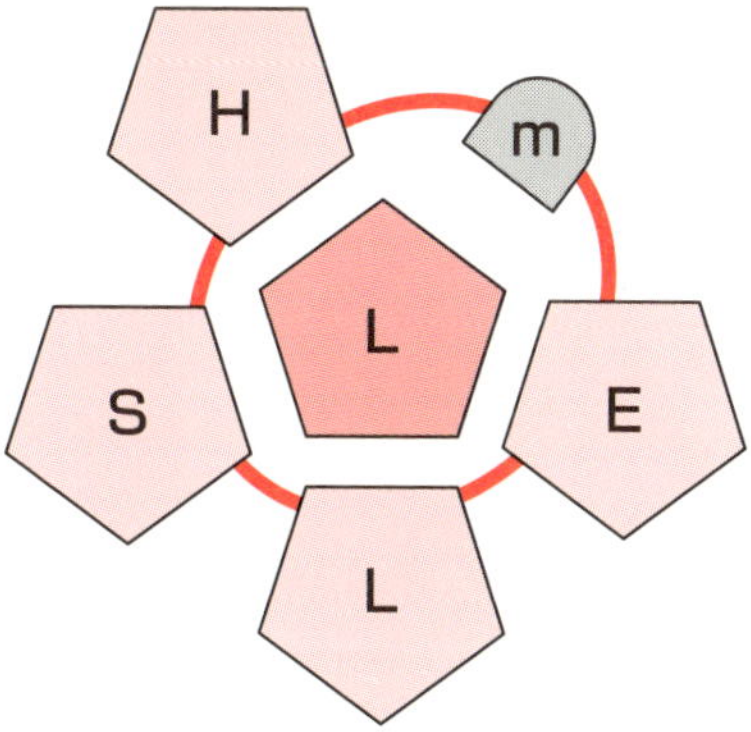

用語解説

スリップ(Slips):書き間違えや言い間違えなどのうっかりミスのこと。遂行中の誤りを言うので遂行ミスとも呼ぶ。アメリカの心理学者ノーマンが、ヒューマンエラーをスリップとミステイクに分類した

ラプス（Lapse）:記憶の過程でのエラーを言う。具体的には忘却や不正確な記憶。イギリスの心理学者リーソンがノーマンのスリップ・ミステイクのほかにラプス（記憶エラー）を加えた

Column

安全衛生協力会って何をする組織？

トヨタグループには、「トヨタ自動車安全衛生協力会」という組織が設けられています。設置目的は、「構内作業を行う会員業者間の協力により安全衛生管理の推進を図り、災害・疾病を予防するほか作業を円滑に実施する」というものです。

安全衛生に関する教育や点検指導、研修、調査研究、器材保護具の斡旋などを行っています。専門分科会（広報・教材・講習・指導）と業種別部会（施設機械・商社・電気・土木建築・請負・運輸納品）があり、正会員は約580社に上ります。毎年夏と冬の連休工事前に安全衛生大会が開かれ、労働基準監督署からの講演や安全なプロジェクト工事実施企業の表彰が行われます。

安全講習に使われる教材は、法令や環境変化に応じて改訂しています。主な教材は全豊田構内作業資格（工事責任者用・全豊田高所作業用・全豊田感電防止用など）、トヨタ自動車構内作業要領（仕入れ先トヨタ構内作業要領、全豊田構内作業仕入先安全基準など）、特別教育資格（酸素欠乏症など防止、クレーン運転と玉掛け業務、アーク溶接作業者用など）があります。

構内作業仕入先安全基準は英語や中国語、スペイン語、ポルトガル語版も準備されています。パトロール点検と作業変化点を重視するほか、「一言安全宣言活動」や「5段階TBMの取り組み」も特徴的な活動と言えます

●5段階TBM（ツールボックスミーティング）

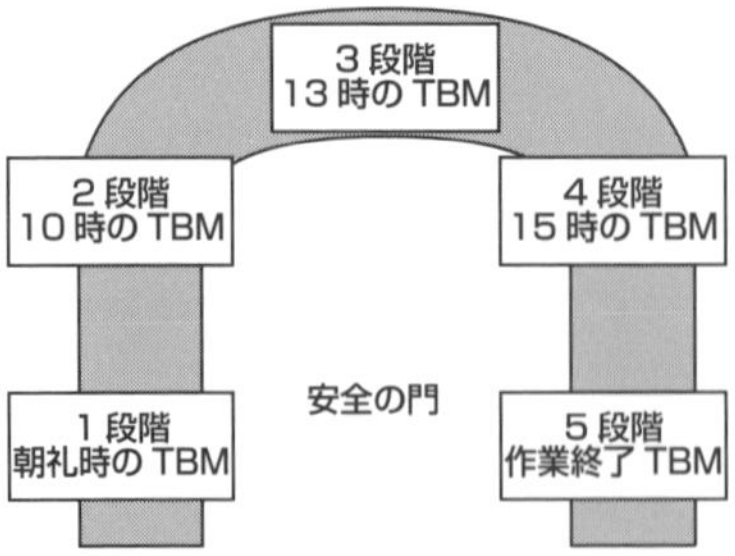

1段階　朝礼時のTBM⇨2段階　10時のTBM⇨
3段階　13時のTBM⇨4段階　15時のTBM⇨
5段階　作業終了TBM
（ミーティングなどで不具合箇所の是正・必要事項の周知を行い、安全作業遂行する）

第2章

工場で発生する
ケガと災害

7 はさまれ・巻き込まれ

不用意に手などを出すと非常に危険

一般の機械工場で起きる災害のうち、「はさまれ・巻き込まれ」の件数は多いです。設備そのものが動作し、材料に力を加えて加工することから危険な場面が多いのが理由です。

はさまれは、上下左右に動作する機械に、手や足などを設備の動作中に入れた場合に起こります。プレス機械や鍛造機械のように金型を装着して上下動させ、材料を加工するような場合が典型です。材料を金型に入れるときや、加工後の製品搬出の際、また金型内にゴミや材料の端材が残った場合に、それを取り除くときに何らかの理由でプレス機械が動作するとはさまれます。工作機械では、材料をセットすると安全扉が動作しますが、このときにはさまれます。クレーンなどで材料を運搬する場合、ワイヤーで吊り上げる際に、ワイヤーと材料との間ではさまれることがあります。材料を下ろすときも、材料と盤木との間ではさまれる危険があります。

こうしたはさまれに対し、手などが危険域にあることを検知し、機械動作を無効にする安全装置や、はさまれてもケガしない緩衝装置の設置が考えられます。さらには、そもそもケガが発生しない装置を検討します。クレーンの玉掛け作業などは、デレッキ（36項を参照）など補助道具の使用が重要です。

次に、巻き込まれについては、回転動作するものに手などが接触すると起こります。ボール盤などドリル作業時に、作業手袋や衣服の袖口が回転部に接触し、巻き込まれることがあります。ほかにも、ベルトコンベアなどのローラーとベルト部に、手などを巻き込まれる危険があります。

このような巻き込まれに対し、ボール盤のような回転物に対する作業には手袋を使用しない、衣服の袖口やネクタイなどの巻き込まれやすい服装は避ける、ローラーとベルトの巻き込まれやすい部分にはカバーを設ける、などの対策が必要です。

要点BOX

- 「はさまれ」は、機械設備の左右開閉動作中や上下開閉動作中に手などが介在していると起きる
- 「巻き込まれ」は回転物に引っかかると発生

はさまれ（玉掛け作業・プレス作業）

うっかり手を入れると
はさまれてしまうんだ

巻き込まれ（ベルトコンベア清掃・ボール盤作業）

回転するものには
常に巻き込まれの
心配が必要だね

用語解説

プレス機械：上下動するスライドに金型を取り付け、金属薄板に金型形状を転写して変形させる機械を言う。機械プレスと液圧プレスなどがある

鍛造機械：金属に強い加圧力を加えて金属結晶を微細化し、強度を高めて鍛造型形状に成形する機械のこと。ハンマーと鍛造プレスがある

8 転倒・転落

身体確保用の手摺り・支えを確認する

転倒とは、歩行・走行時に何らかの体のバランスを崩して転ぶことです。このとき前に転ぶか、後ろに転ぶかで被害も異なります。手や脚、腹部、頭部を打撲する場合が多く、擦りキズや骨折などを起こすこともあります。

バランスを崩す要因として、第一に床面性状があります。床が滑りやすい樹脂製舗装や床面に水・油が付着している場合などです。また、床面の凹凸や盤木などが不用意に置いてあると、それを避けるための動作によってバランスを崩すときがあります。

このほか、作業時の着用靴が作業に適していない場合もあります。靴底が滑りやすく、偏減りしているなどです。対策は床面を清掃し、液体や滑りやすい紙・ビニールシートなどを取り除きます。また、床面は滑らない材質とし、必要場所には滑り止め舗装を施し、床には不要品を置かないようにします。作業服装では、作業内容に応じた滑らない靴（耐滑性靴）の着用と、靴の清掃を行うことが重要です。また、職場内を走らないことも留意すべきです。

一方、転落は、高所作業を行っている場合に作業姿勢のバランス崩れと、高所床面・壁面保護具の不具合などにより高所から落下することです。地上から地下に落下する場合も同様です。屋根補修のため屋根上を歩行しているときに、透明な樹脂製明かり取り部に誤って乗り、樹脂部が破断して天井から地上に転落するような事例があります。

ほかにも、クレーン設備の点検時に点検歩廊からクレーン本体に乗り移る際、バランスを崩して転落する危険や、地上から開放されている地下倉庫にホイストで荷物を下すとき、荷卸し作業に集中し過ぎて開放部から転落する危険が挙げられます。

これらの対策としては、作業場所の床や壁、柵の安全の確認、安全帯などの保護具着用、外部作業員に依頼する場合は詳細な現地説明が重要です。

要点BOX

- ●転倒は床面性状や靴底状況、作業姿勢が影響
- ●転落は高所作業時の足場、作業形態、安全帯、滑り防止手袋など身体確保用具を着用する

転倒の例

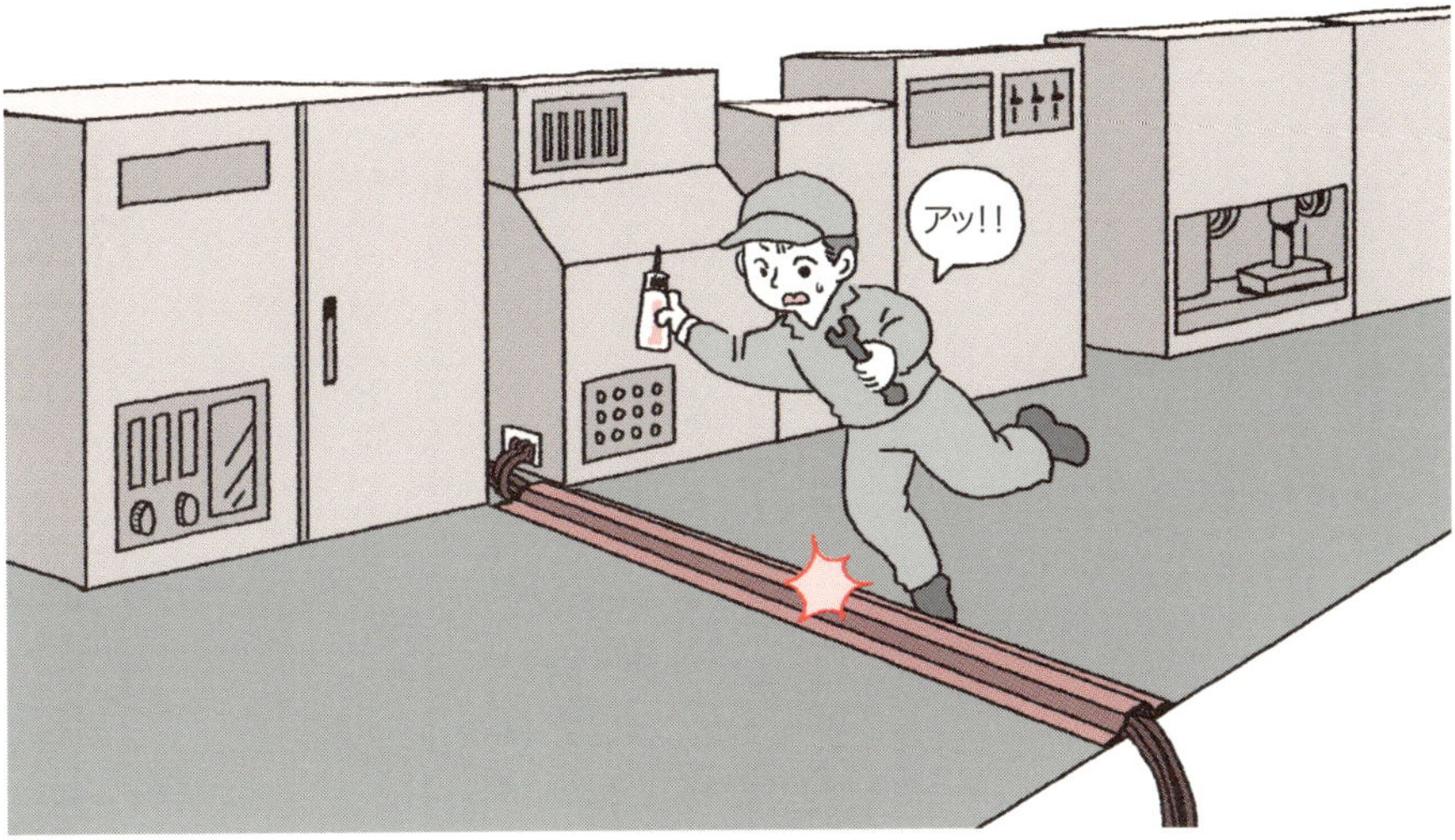

転落の例

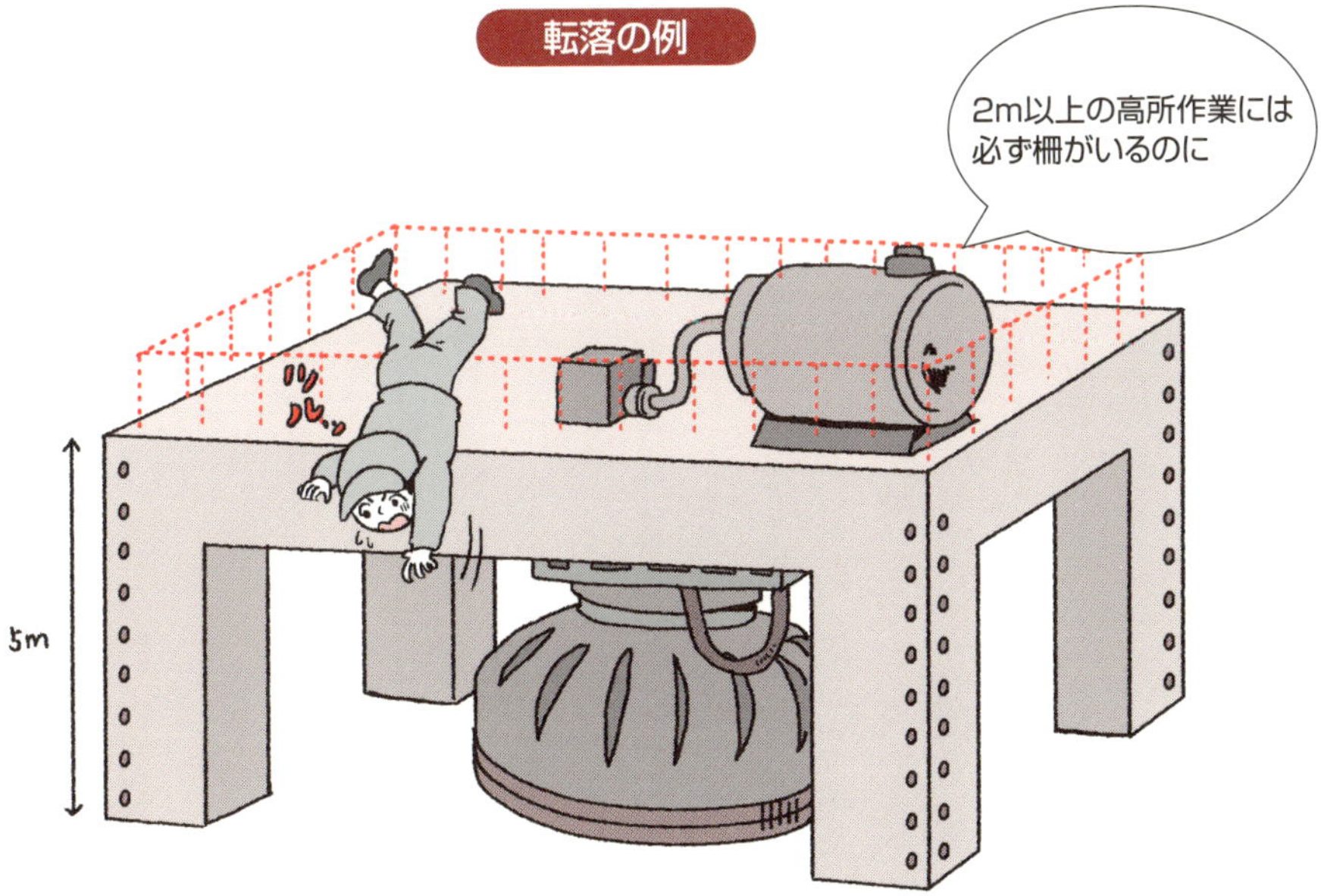

用語解説

耐滑性靴の評価試験：ステンレス平面板に潤滑液を塗布し、靴底を 500N で接触し、平面板を 22cm/s でスライドさせる。動摩擦係数が 0.2 以上で合格となる（JIS8101、JSAA で測定方法が規定）

点検歩廊：高所の点検を行うための歩廊で、縞鋼板やエキスパンドメタルを歩廊面に使う。転落防止のために手摺りを設けるときもある

9 腰痛・筋肉痛

あちこちに潜んでいる腰痛の原因

　腰の痛みを一般的に腰痛と言います。ここでは、工場や事務所で発生する腰痛を考えます。コンピューターへのデータ入力など長時間前屈みのような姿勢を続けたときや、中腰での長時間作業、重量物の持ち上げ（体重の40％程度が限度）、移動、下し作業、さらに腰部の回転動作が加わった場合に腰痛が発生することがあります。労働基準法では、重量物取扱作業について就業制限を設けており、継続作業では20kgが上限です。顧客に製品を届ける物流トラックの運転手などが対象で、製造業以外では介護施設での介護士などが相当します。

　腰痛を回避する対策として、長時間の前屈み作業では適切なタイミングでストレッチを行う、マッサージを行うなどが効果的です。重量物の持ち上げ作業は、足を伸ばして前屈み状態で荷物を持ち上げるのではなく、膝を曲げた状態で荷物を把持し、その後膝を伸ばして持ち上げるのが効果的です。できれば、ホイストや揚重機を活用するとよいでしょう。

　中腰作業の場合は対象物をリフターに乗せ、上下動させて作業しやすい位置に設定すべきです。介護士など人の運搬時には、ロボットスーツの着用も考えられます。基本的なことですが、靴は作業に適したものを着装しなければなりません。

　腰痛は骨に異常を来している場合があり、背骨の滑りや軟骨の圧迫変形に至るような、通称「ギックリ腰」も含まれます。それ以外の、激しい作業や長時間継続作業により筋肉疲労を来たしている状態を、筋肉痛と呼びます。筋肉痛への対策は、急激かつ長期の作業は行わず、適度な休息をとることです。筋肉痛をとるには冷やすことが第一の手段で、時間経過による安静や入浴による温めが効果的です。適度なストレッチで血流を増加させることもよいです。

要点BOX

- ●重量物取扱作業は、重量以外にも継続時間や作業姿勢、作業内容、複合動作などを考慮する
- ●適度なストレッチも予防に効果的

労働基準法による重量物取扱作業の就業制限

断続作業	継続作業	18歳未満 男 ： 女	16歳未満 男 ： 女	女性 妊娠中の人 ： 一般
12kg	8kg	○ ： ○	○ ： ○	× ： ○
15kg	10kg	○ ： ○	○ ： ×	× ： ○
25kg	15kg	○ ： ○	× ： ×	× ： ○
30kg	20kg	○ ： ×	× ： ×	× ： ○

腰痛の例

○ ひざを曲げ
把持して持ち上げる

× ひざを伸ばし、腰を曲げて
持ち上げる

用語解説

揚重機：クレーンからチェーンブロック、ウインチ、レバーホイストなど各種がある。中でもハンドクレーンバランサーは工場内の重量物を梱包など吊り上げる場合に多用される

ロボットスーツ：動作補助や筋肉力向上を目的とした人が装着するタイプのパワースーツ。介護施設などで、要介護者の姿勢変更を行うときに着用することで、重量作業が容易に行える

10 感電

電気的不審物にむやみに近づかない

感電とは、人が電気に接触し、人体に電気が流れて障害を受けることです。高電圧のときは、接触しなくても感電（空中放電）することがあります。

人体を通過する電流と時間の関係について、その危険性を示した電流時間積（ケッペンの実験）という概念があります。ドイツのケッペンは50mAsを安全限界としましたが、ヨーロッパではこれをさらに厳しくし、30mAsを採用しています。

人体は電気を通しやすく、また湿度が高いとき、濡れた手で接触した場合には感電しやすくなります。感電したときの人体の被害状況は、接触部のしびれ、火傷、組織壊死、最悪の場合は感電死があります。主な原因としては、電気設備の不具合による漏電や破損した電線への不用意の接触、電気工事中における電源部接触、また屋外の電線近くのバックホウといった工事での電線破断などがあります。

このような感電を防ぐには、充電部を露出させないことや漏電遮断器およびアースを設置することが求められます。ほかにも二重絶縁構造の電気機器を使用することや、絶縁抵抗値を把握して絶縁の劣化状況により適宜修理することが必要です。そもそも、湿度の高いところに電気設備を設置しない、点検修理時に絶縁手袋や絶縁靴を着用するといった基本的なことも欠かせません。工事前には、検電器による蓄積電荷の測定も忘れずに行いましょう。

万が一、感電した場合の対応ですが、感電している人を救助するとき、いたずらに感電者と接触すると自らも感電して接触を外せなくなる場合があります。自らも感電しないように絶縁することが前提です。電源を切り、保護具を着用し、接触電線などから離します。救急車を手配して必要に応じて心肺蘇生法を行います。感電状況や電源電圧、作業時間などを記録して報告するとよいでしょう。

要点BOX

- 感電で被る人体被害の知識を得る
- 原因を知って防止対策が打てるようになる
- 感電時の緊急対応ができることも重要

感電の例（制御盤作業）

国際電気標準会議が公開した人体反応曲線図

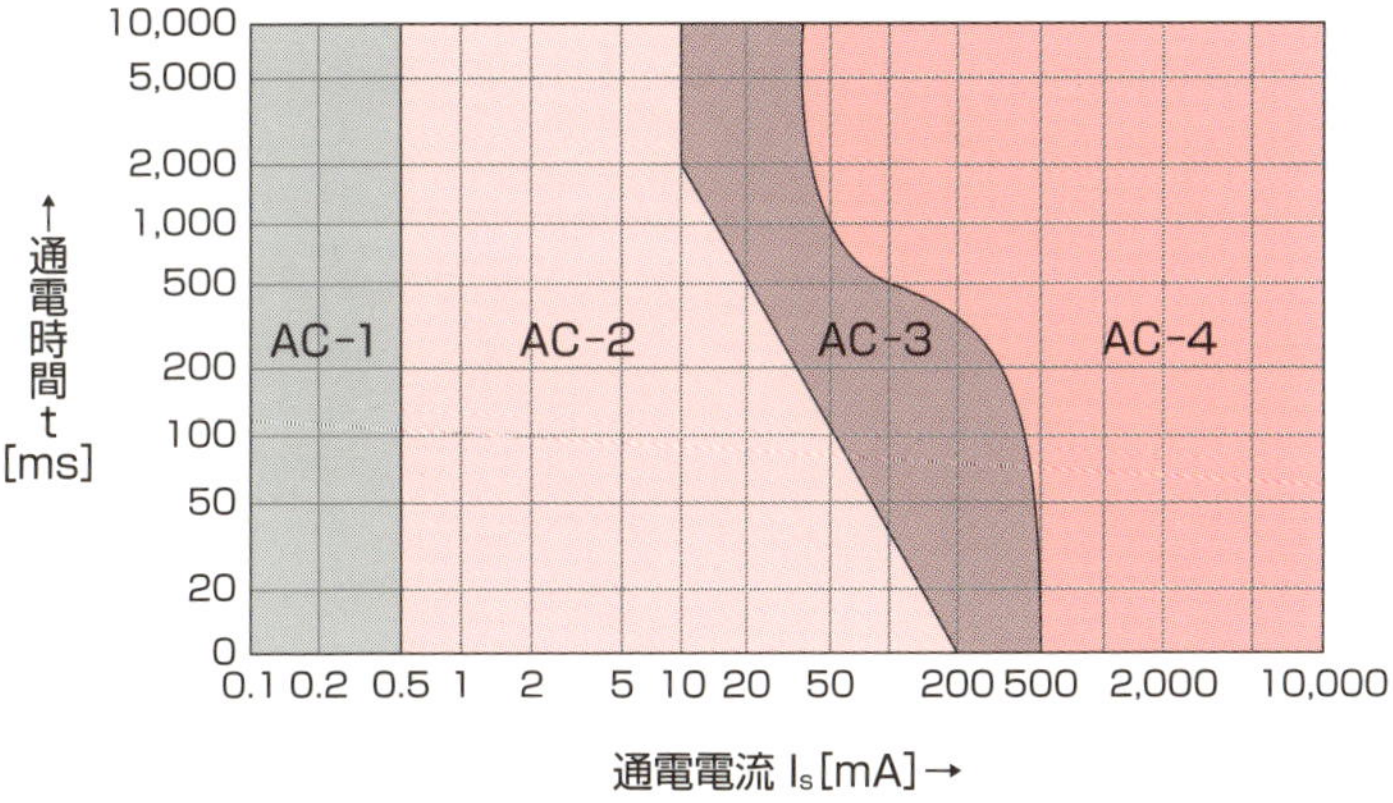

電流／時間領域と人体反応

AC-1…無反応
AC-2…有害な生理的影響なし
AC-3…電流が2秒以上持続すると、呼吸困難などの症状が出る
AC-4…心停止や重度のやけどなど危険な影響が起こる

用語解説

ケッペンの実験：電流の危険性について、大電流なら短時間でも危険、小電流なら長時間でも危険ではないとの考え方。感電電流の安全限界について「人体通過電流 (mA) ×時間 (s) =一定」を提示している

電流の大きさと症状：1mA では感じる程度で、5mA は痛みを覚える、10mA では我慢できない、20mA で痙攣して動けないレベルという。50mA は非常に危険で、100mA は致命的とのこと

11 切創・擦過・打撲・衝突・飛来

慣れた作業や疲労感が生じたときは黄信号

切創と擦過（こすれ）は、発生件数が多いとされています。切創は主に、手作業のときに扱う工具や素材の鋭利な部分で切りキズを受けることです。カッターなど鋭利な部分を持つ工具を使用する作業や、破損時に鋭利な部分が生じるガラスなどの素材を扱う場面、油が付着した薄鋼板など把持したときに滑りやすい素材を扱うプレス職場などでは、切創が発生しやすいです。一般的な作業手袋1枚の着装では、手袋自体が切れて手を受傷することがあるため、防護用手袋の着用を勧めます。

また擦過は、皮膚などの表面をざらついた素材などで擦られた場合に、皮膚が損傷することです。グラインダーなどで素材表面を研磨する場合、把持していた指を回転しているグラインダー砥石に接触させた場合などがこれに当たります。

打撲は、鈍力により皮膚の内側の筋肉などの組織を痛めることを言います。たとえば、ハンマーと金属型で薄鋼板の打ち出し作業をしていた場合、鉄板を支えている手を誤って叩くことがあります。頭に当たったときは、コブという皮下血腫を形成することがあります。打撲は打ち身とも言われます。

衝突は、移動中に他のものとぶつかることです。工場内ではフォークリフトなどの運搬車両が使われています。また、自動開閉扉なども設置されています。それらの動作とタイミングが合わないと、衝突災害が発生するのです。

最後に飛来落下ですが、飛んでくる破片などが人に当たって負傷することです。ボール盤の切りくず、グラインダー作業時の研磨粉の飛散、研削砥石の破損片の飛散、厚板のシャーリング時のスクラップ片の飛散が相当します。特に眼に当たると大変です。対応策としては飛散防止用カバーの設置があり、人の対策としては保護めがねやゴーグルの着用、緩衝機能付き作業着の着用が挙げられます。

要点BOX

- ●工具などによる災害が多く発生
- ●注意意識が薄れると発生しやすくなる
- ●保護具を着用することでリスクを減らす

切れ・こすれによる労働災害発生状況

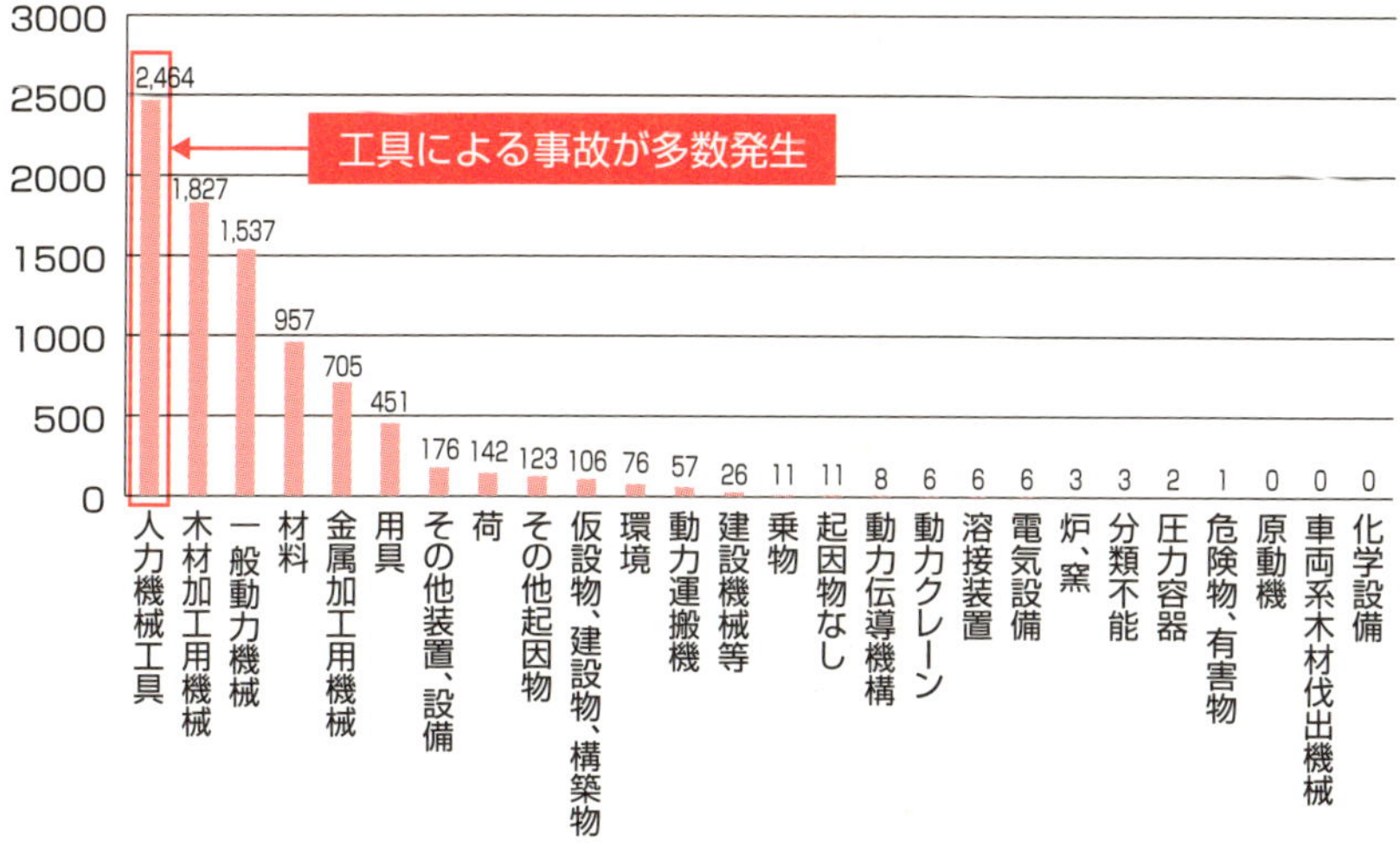

厚生労働省:2014年

飛来によるケガの例

用語解説

CE EN388：ヨーロッパ(EU)で制定されているCE規格のうち、安全保護具の機械的物性試験方法を示したもの。この規格では摩耗・切創・引裂・突刺の4項目の試験が規定されている

耐切創性の測定：サンプルを測定台に固定し、試験用刃物に一定荷重（5N）をかけてサンプル片の上を往復運動させ、切断（貫通）に至るまでの往復回数を測定する。耐切創性の評評価値は1～5までに分けられ、数字が大きいほど耐切創性に優れる

12 火傷・凍傷

時間を置かず即、処置するのが鉄則

熱いもの（湯・油などの液体や出湯間もない鋳物、蒸気ガスなど）に接触したとき、皮膚がただれたり、水膨れが生じたりします。これらを火傷（熱傷）と言います。火傷の程度により4段階に分けられます。第1段階は皮膚が赤く腫れる表皮のみの損傷で、第2段階は水膨れができて真皮が損傷することを示します。そして、第3段階では皮膚が焦げたように真っ黒になり、第4段階では骨が壊死した状態となります。成人の場合、受傷面積が20％でショックを起こし、40％で生命に危険が及ぶとされています。

最近では省エネルギーへの意識が高まり、電気エネルギーの代わりに湯たんぽを活用することが増えています。湯たんぽは高温ではないものの、長時間の接触で低温やけどになることもあります。

このほか鋳物工場では、鋳物が鋳型から取り出された時点では少し赤色を呈していますが、時間が経つにつれて黒色になり、平常の冷たい鋳物と同じ色のため不用意に触ってしまうことがあります。こうしたことを避けるため、冷却ゾーンを決めて柵などでガードすることも得策です。また、配管を通して輸送される高熱蒸気の漏れによる火傷も発生します。修理の際には防熱手袋などを使用し、配管元を遮断して温度を確認しながら進める必要があります。

一方、凍傷は冷たいものに長期間触れたとき、主に手脚の指、耳、鼻、頬などの皮膚や皮下組織が損傷することを言います。凍傷は、その程度に応じて1～4度に区分されています。

凍傷は冷凍庫内での長い作業や、レーザー加工機の液体窒素ボンベからの漏れに接触するほか、寒冷地での屋外試験作業などで発生します。こうした環境に対しては、寒冷防護手袋や防寒着の着用のほか、作業時間の短縮や作業手順書の作成と遵守が求められます。皮膚表面温度が25℃になるとチアノーゼ、15℃になると組織障害が現れます。

要点BOX

●該当場所では表示で注意喚起し、保護具を着用
●受傷状況を想定して処置方法を定めるのと同時に、取扱基準を設けて定期的に監視する

火傷の4段階

段階	症　状	障害の規模	回復の程度
Ⅰ度	発赤腫脹 (浮腫)	表皮のみの障害	治癒可能
Ⅱ度	発赤	浮腫・水泡形成 真皮の障害	治癒可能
Ⅲ度	腫瘍形成	脂肪・筋肉組織の壊死(黒変)	治癒不可
Ⅳ度		骨・軟骨組織の壊死	治癒不可

凍傷のレベル

段階	症状	名称
Ⅰ度	皮膚充血・むくみ	紅斑性凍傷
Ⅱ度	水疱発生、血ぶくれ、びらん発生	水疱性凍傷
Ⅲ度	皮膚組織壊死	壊死性凍傷
Ⅳ度	筋肉・骨の壊死	壊死性凍傷

用語解説

チアノーゼ：顔や指先、口唇、四肢末端などが青紫色になる状態。毛細血管内の血液の還元ヘモグロビン濃度が 5g/dl 以上になると現れる

組織障害：細胞や組織が障害を受けると炎症を発生する。原因は低温高温、電気、紫外線、放射線、機械的外力などの物理的因子のほか、化学物質による化学的因子、病原体などの生物的因子がある

13 雪目(眼炎)・放射線被曝

身近な職場でも気に留めたい

工場内には、アーク溶接や電気溶接などで火花が飛び散る溶接部門や、溶湯から発する強い光を受ける鋳造部門などがあります。こうした職場では、高輝度光や紫外線を目に受けて目が日焼けし、角膜の表面が傷つくことがあります。

波長２９０㎚付近の強い紫外線に6時間以上さらされると、「目がゴロゴロする」「涙が出る」「まぶしい」という症状が現れます。対策としては、溶接めがねやゴーグルの着用、溶接用面体の使用、また隣接職場に届かないような遮光用カラー樹脂板の設置が望まれます。その他の照射例としてレーザー光があります。測定に用いるヘリウムネオンレーザーの誤照射や、レーザー加工機の光源用ミラーを清掃後に調整するときの誤操作が危惧されます。したがって、作業時は防護めがねの着用が必須です。

「雪目」という名前は、スキー場などで白い雪に反射される太陽光や紫外線により、目の結膜が充血することに由来しているようです。夏の海水浴場で強い日光を目に受けるときにも発生します。このような症状が出たときは抗菌薬を点眼し、痛みがあるときは鎮痛薬を使います。

一方、工場で扱う放射線の主なものはX線、アルファー線、ベータ線、ガンマ線などです。被曝例としては、たとえば測定用放射線の密封線源容器の溶接部亀裂により、放射線源（コバルト60）が漏れた例があります。ほかにも非破壊検査実施時にガンマ線照射装置の露出した放射線源（ストロンチウム90）に接触し被曝した例があります。いずれも設備故障などの異常時に起きたものです。

被曝により頭痛や嘔吐、皮膚炎、発がんなどの障害が発生することがあります。X線防護用カバーを使用するほか、放射線源故障などの復旧作業といった非定常作業時用の対応に加え、作業手順書の作成と教育の徹底が必要です。

要点BOX

- 塵やゴミ以外にも有害な光線、放射線に晒される機会が増えている
- 特別教育を実施して対策や処置に万全を期す

雪目（眼炎）の発症原因（溶接作業）の例

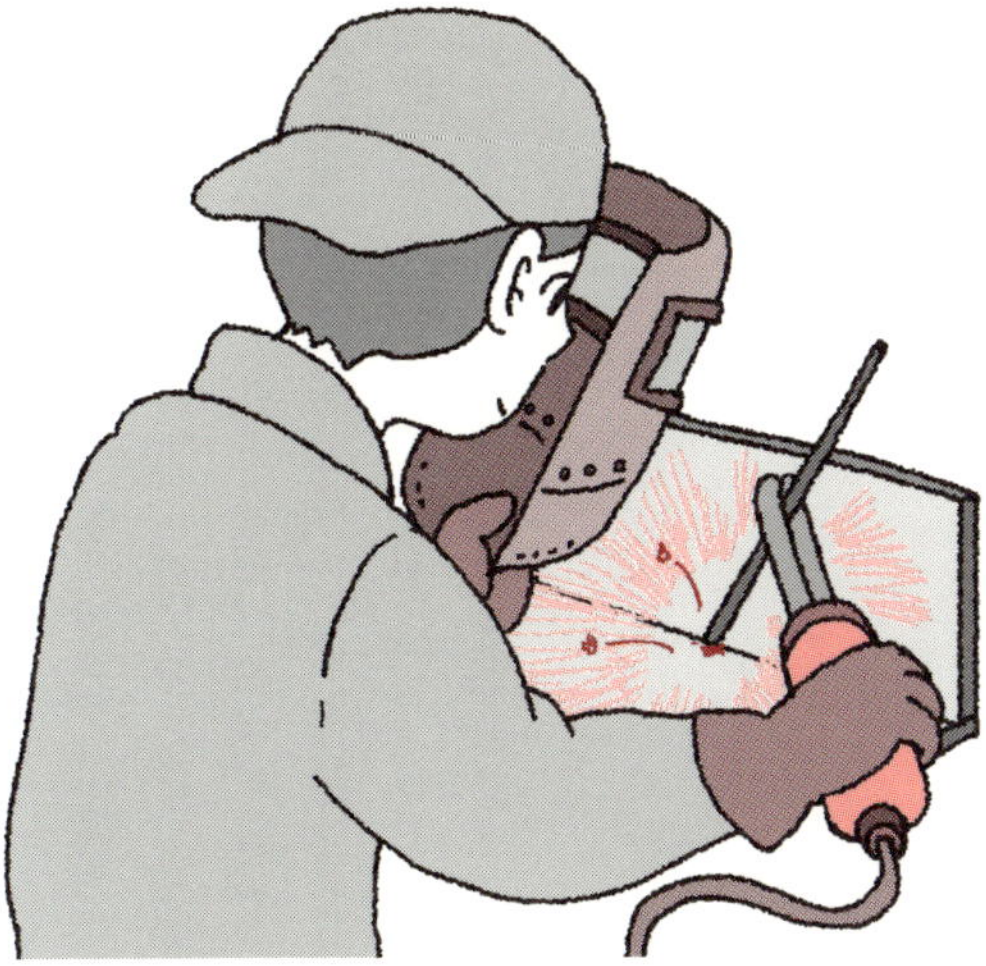

電離放射線障害防止規則の構成

第1章　総則
第2章　管理区域、線量の限度、測定
第3章　外部放射線の防護
第4章　汚染の防止　①放射性物質に関わる汚染の防止
　　　　　　　　　②特別な作業の管理
第5章　緊急措置
第6章　X線作業主任者、γ線透過写真撮影作業主任者、特別教育
第7章　作業環境測定
第8章　健康診断
第9章　指定緊急作業従事者などに関わる記録の提出
第10章　雑則

用語解説

放射線源：放射線を使用するときの放射線の発生源のこと。線源はラジオアイソトープ、放射線発生装置、原子炉などがある。漏洩や散逸が起こらないものを密封線源と言う

X線防護カバー：X線防護には防護衣、防護手袋、防護めがねなどがある。防護衣はゴム系シートに鉛などの遮蔽元素を高比率配合して製造される。着用時には破損していないか確認が必要

14 騒音性難聴

**気づかず罹災するため
こまめに耳栓をつける**

難聴には老人性難聴、突発性難聴と騒音性難聴があります。老人性難聴は、音の高さ区分である周波数全体に聴力が低下します。突発性難聴は爆破音や発砲音に晒されたとき、一時的に聞きづらい状態になるものです。騒音性難聴は、４０００Hz付近が著しく低下します。聴力を診断するオージオメーターで診断できます。

内耳にある蝸牛の有毛細胞が80dB以上の大きな音に長時間暴露されると、騒音性難聴になります。騒音性難聴の症状は、「聞きづらい」「耳鳴りがする」「耳が詰まった感じがする」などです。

工場での騒音発生源の主なものは、プレス・鍛造機械の断続的な打撃音やレシプロ型エアーコンプレッサーの継続的運転音、ノズルからのエアーや洗浄液などの噴出音、グラインダーでの研磨音、油圧装置の稼働音、完成品のパレットへの落下音、鋳造後の砂型バラシ音などです。

対策の一例として、プレス打撃音低減のためには金型の改良が必要です。たとえば、複数の穴抜き型であれば、各穴抜き力を分散するための段差をつけます。切断型の場合は、切断刃にシャー角をつけ、切断力の分散を図ります。また、音の伝搬力を低減するため、遮音・吸音カバーを設置します。排気音に対してはマフラーを付設します。振動源に対しては、振動が薄板などに伝わり薄板が騒音を発生するため、振動を低減する防振対策も有効です。

騒音は騒音計で測定します。測定スケールはAスケールとCスケールが多用され、Aスケールは耳の聴感特性に応じた補正を加えるもので、Cスケールは物理的パワーを測るものです。周波数分析機を併設して騒音の構成する周波数を分析すると、適正な吸音特性を持った吸音材を選択でき、有効な対策が可能になります。一方、人側の対策としては耳栓やイヤーマフの着用があります。

要点BOX

- ●音源対策および伝達音対策を行い、工場騒音を80dB未満に維持する
- ●何より大切なのは耳栓の着用徹底

難聴度の分類

難聴度分類	平均聴力	状況
正常	0～25dB以下	ささやき声も聞こえ、日常生活に支障がない
経度難聴	26～40dB	1mの距離で話した声を聞き、復唱することができる
中等度難聴	41～60dB	1mの距離で話した大きな声を聞き、復唱できる
高度難聴	61～80dB	耳に向けて張り上げた声のいくらかを聞くことができる
重度難聴	81dB以上	張り上げた声でも聞こえない

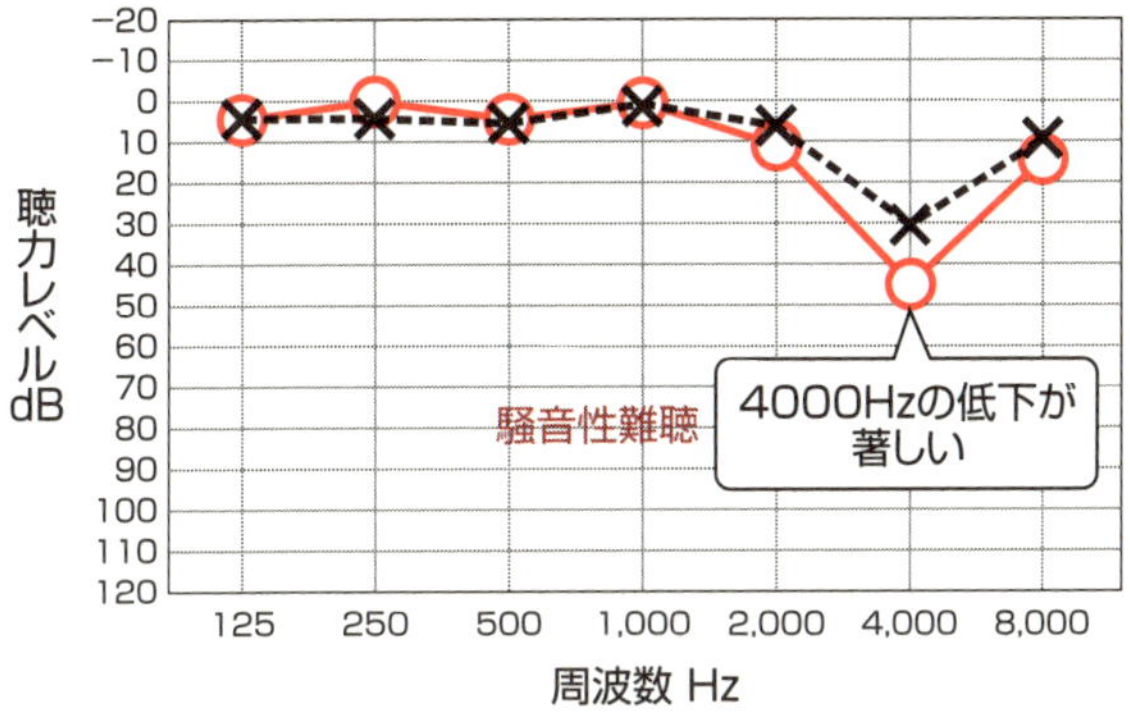

騒音防止対策例の例

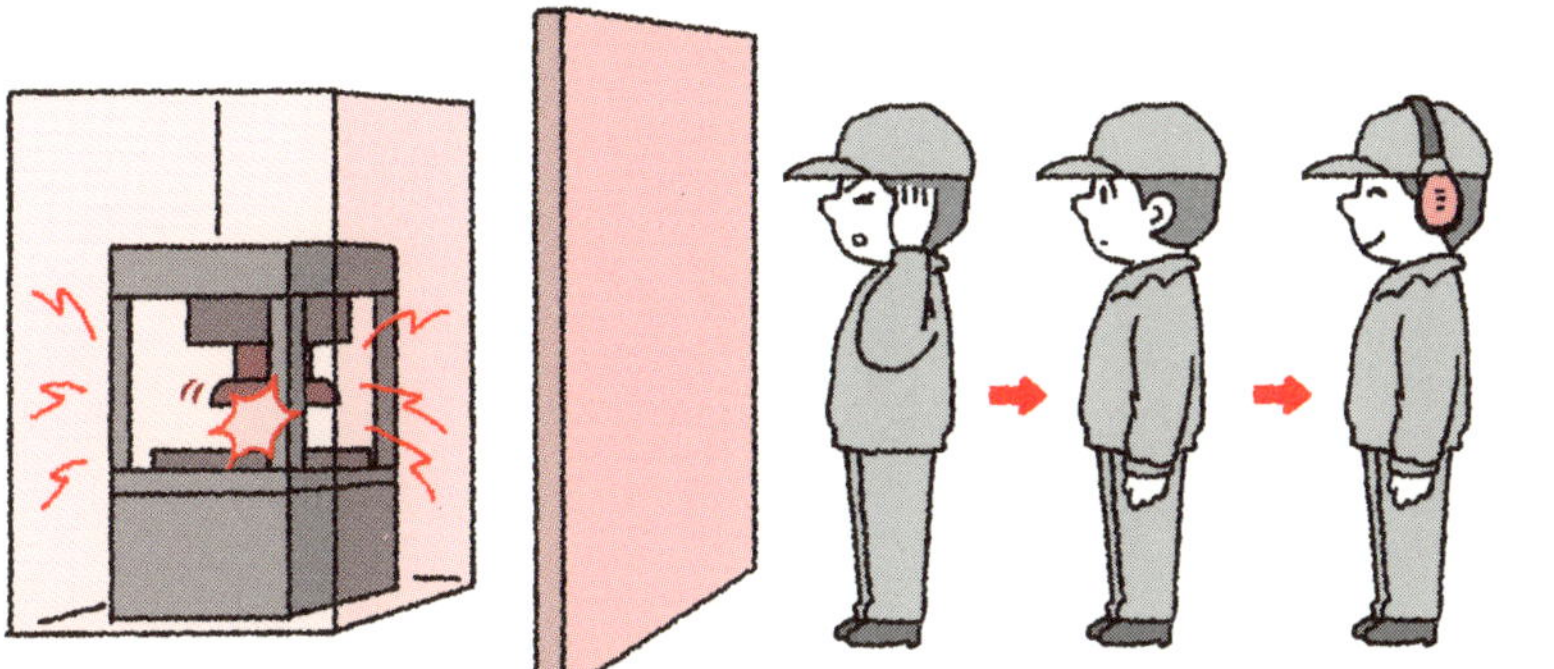

①発生源対策　②遮音壁設置　③距離を離す　④イヤーマフ装着

用語解説

オージオメーター:人の聴力レベルを測定する装置のこと。防音室に入り、ヘッドフォンで純音の周波数（125、250、500、1,000、2,000、4,000、8,000Hz）における聞き取り閾値を検査する

騒音計：JISなどで普通騒音計と精密騒音計が規定されている。マイクロフォンには圧電型、導電型、静電型が用意され、小型で指向性の少ない静電型が多用されている

15 振動症

「作業に振動はつきもの」は過去の話

振動による体への影響としては、振動発生源に体全体が影響される場合（振動コンベア付随作業など）と、体の一部のみに影響がある場合とがあります。体の一部で、特に手や腕に影響を与える事例が目立ちます。具体的には振動を発生する工具や道具、装置を手で持ち、加工などの作業を行う場合に発生することが多いです。こうした振動による症例はレイノー病、はくろう病と呼ばれています。

振動を伴う代表的な作業には、自動車の塗装面を水で流しながらサンダーで研ぐ水研作業や、グラインダーによるバリ取り作業、木枠作成時の鋲打ち作業があります。ねじ絞め時のインパクトレンチ作業や多針タガネ作業、土を均一にするタッピングランマーで突き固める不陸整正作業なども同様です。

こうした作業に使われる工具は振動工具と呼ばれ、金属などのはつりや搾岩に使う電動ハンマーや、チェーンソーと呼ばれる内燃機関内蔵工具、鉄板の打ち抜き・切断作業に使う振動シャーなどがあります。回転砥石などにより研磨・研削・切断作業をする固定グラインダーやナット絞め作業に用いるエアーレンチも振動工具に含まれます。

振動症の症状としては、振動で体の抹消部への血液の循環が悪くなり、手指が蒼白となる血流抹消循環障害や、手指にしびれや痛みが生じ、冷えや熱さの感覚が鈍くなる抹消神経障害、手や指、肘が痛む骨・関節障害があります。血管障害（レイノー障害）や抹消神経障害については、国際的症度区分（ストックホルムスケール）で規定が設けられています。

振動症への予防策としては、低振動工具の使用や防振手袋の着用、作業時間の減少（1回の継続時間の短縮、1日の振動作業時間短縮）による振動暴露の減少が第一です。ほかにも、振動工具・刃部の保全や正しい振動工具の操作方法の教育も重要です。

要点BOX

- はくろう病は手が蝋燭のような白色になる
- 防振対策された振動工具や防振手袋を使用し、作業継続時間も少なくする

主な振動作業と振動工具

振動作業	振動工具
水研作業	サンダー
バリ取り作業	グラインダー
鋲打ち作業	鋲打ち器
ねじ締め作業	インパクトレンチ
盛土の不陸整正	タッピングランマー

血管障害(レイノー現象)の区分

段階	症状
ステージ0	レイノー現象なし
ステージ1	1指またはそれ以上の指の先端にレイノー現象が見られる
ステージ2	1指またはそれ以上の指の末節･中節にレイノー現象がときどき見られる
ステージ3	すべての指のすべての節にレイノー現象がしばしば見られる
ステージ4	同上に加え、指先端の皮膚に栄養障害が見られる

用語解説

振動加速度実効値（3軸合成）：3軸（X・Y・Z）の振動加速度のそれぞれの2乗を合計した平方根を言う。3軸とも周波数補正を行うとよい

日振動暴露限界値と対策値：振動加速度実効値と1日の振動暴露時間から日振動暴露量を求め、限界値と対策値を比較する。（1日当たりの暴露時間率Tの平方根）×3軸合成振動加速度実効値（m/s^2）で、Tは1日の振動暴露時間を8時間で割った値

16 塵肺

空気中に飛散・浮遊する細かなゴミを侮るな

塵肺とは、粉塵を吸入することで肺に生じた繊維増殖性変化を主体とする疾病を言います。発生する主な職種としては鉱山や鋳物工場、溶接工場、研磨業、陶器製造業などがあります。粉塵などを鼻から吸い込んだ場合、比較的大きい粒度の粉塵は鼻で、中程度の粒度の粉塵は気管支などで捕らえられますが、1μm以下の細かい粉塵は肺の奥の肺胞に到達し、肺胞を繊維化させます。咳や痰、息切れ、動悸、呼吸困難などの症状が現れます

粉塵は化学的成分により、以下に分類されます。

❶珪肺：石英など遊離ケイ酸の粉塵を吸った場合
❷アルミ肺：アルミニウム粉塵を吸った場合で進行が速い
❸酸化鉄肺：酸化鉄粉塵を吸った場合で溶接作業に多い
❹石綿肺：石綿（アスベスト）粉塵を吸った場合で、悪性中皮腫や肺がんの合併が生じやすい

一方、息切れの度合を示す呼吸困難度は5段階で分類されています。また、レントゲン撮影の粒状影や不整形陰影、大陰影の種類と密度から、塵肺は第1型から4型に分類されます。この分類や粉塵職歴、呼吸機能検査などの結果を判断し、塵肺管理区分が決定されます。これは、塵肺予防のための作業内容の監督や指導、健康管理の指標となるものです。

予防手段としては、粉塵の発生しない、発生の少ない工法に替えることが一番です。飛散防止カバーの採用や、飛散しにくくするよう掘削土砂に散水するなどを施します。そして局所排気装置を設置し、発生する粉塵を吸引除去します。体内吸引や体に付着させないよう、防塵マスクなどの保護具や粉塵が付着し難い衣服の着用を徹底します。

健康診断の実施時期は、粉塵作業に就くとき、また定期、不定期、離業時の4段階で受診します。

要点BOX

●粉塵はまず何より発生させないこと
●そして、飛散・拡散させない
●人体への付着・吸引は極力避ける

塵肺の原因物質と疾患名

原因物質	疾患名	職種・職場
石炭	炭坑夫塵肺	炭鉱
遊離珪酸	珪　肺	鉱山、隧道工事、窯業
炭素	炭素肺	炭素製造工場
	黒鉛肺	黒鉛、電極工場
珪酸化合物	石綿肺	建設業、石綿鉱山、自動車工場
	滑石肺	採石、ゴム工場
	珪藻土肺	珪藻土工場
	セメント肺	建設業
酸化鉄	溶接工肺	建設業、造船業
アルミニウム	アルミニウム肺	金箔製造工場
ベリリウム	ベリリウム肺	ベリリウム精錬

粉塵作業（鋳物バラシ作業）の例

用語解説

呼吸困難度分類：労作、歩行、階段昇降が健康者並みに行えるレベル1から、平地で健康者並みに歩けないレベル3、会話や着替えにも息切れがするレベル5まで5段階に設定されている

塵肺管理区分：塵肺健康診断の結果に基づき、塵肺を診断したもので4段階に区分される

17 職業性接触皮膚炎

新しい化学物質の登場で悩みは尽きない

工場で化学物質などに接触すると、炎症や腫れ、かゆみ、ただれ、痛み、ひび割れ、皮むけが発生する場合があります。一般的に、生命に深刻な影響をもたらす危険は少ないものの、不快感や痛みなどで作業効率が低下します。また、日常生活にも支障を来します。症状が好転しなければ、職種の変更や休業、離職に至ることさえあります。

皮膚炎を発症する主な職種は、金属や油脂、樹脂を原料として扱う製造業やセメント、ガラスを扱う建設業が中心です。ほかにもインクやゴムを使用する印刷業、肉、魚、スパイスを原料とし、洗剤なども扱う食品業、染毛剤やゴム手袋に日常的に触れる美容・理容業も対象です。薬品や化成品を使用する機会が多い医療、繊維、農業、酪農、漁業などの分野でも皮膚炎の症例は目立っています。

なお、アレルギー性接触皮膚炎の主な原因となる物質には、①金属：ニッケル・クロム・コバルト、②合成樹脂：エポキシ樹脂・アクリル樹脂、③油脂：切削油・潤滑油、④ゴム：ラテックス、⑤化学物質：有機溶剤・洗浄剤などが挙げられます。

皮膚炎を予防するには、刺激性の低い素材や物質に変更するほか、接触する作業時間自体を少なくすることから取り組みます。接触する体の部分で、たとえば手や指などを防護する手袋、防護マスク、防護服の着用を徹底します。

作業終了後には、着衣を洗浄して清潔さを保ちます。そして、ゴム手袋など防護用具そのものが皮膚炎を引き起こしているかどうかの確認も必要です。作業終了後には、洗浄後に適切なハンドクリームなどを皮膚に塗ることが好ましいです。治癒のためには湿布や軟膏塗布、皮膚清浄剤を用います。

新素材を使用する場合はMSDSの活用と教育、パッチテストによる皮膚への影響調査もあわせて実施すると効果的です。

要点BOX

●化学・アレルギー性物質に接触しないよう作業方法を変え、防護手袋や防護服を着用する
●防護服や保護具の洗浄も徹底する

化学物質などの皮膚炎の分類

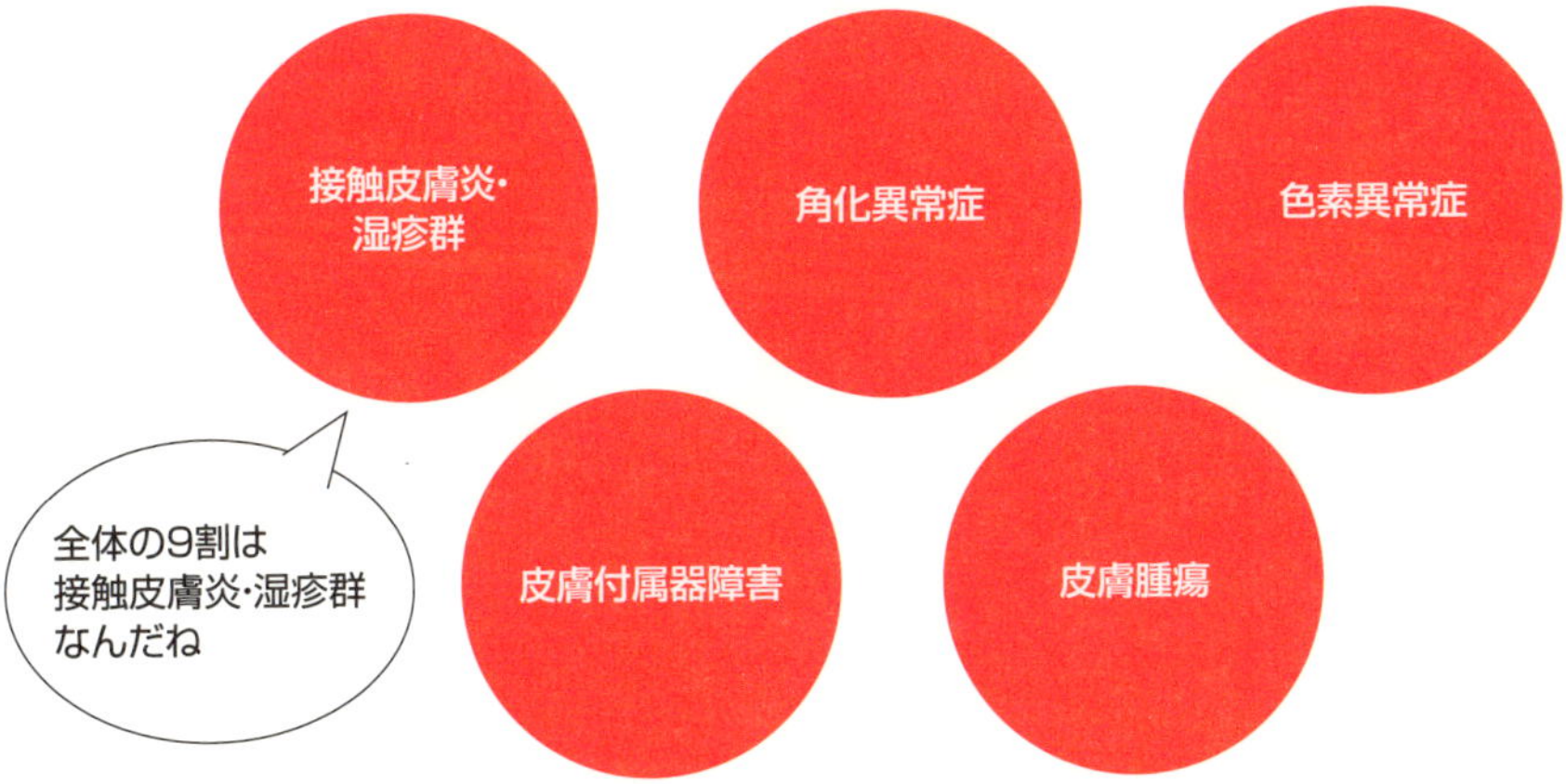

接触性皮膚炎の発症例

用語解説

MSDS：化学物質などを安全に取り扱い、災害を防ぐためにその物質を譲渡提供する場合は有害性を記載したシート（Material Safety Data Sheet）。シートを受けた使用者は有害性の確認、作業者への周知など取り扱い管理に役立てる

パッチテスト：貼布試験とも言い、テストする物質を背部や上腕に 48 時間貼布して、陽性反応の有無を見る検査。アレルギー性接触皮膚炎の原因物質を明らかにする。判定は 48 時間・72 時間後に行う

18 熱中症

軽視は禁物、命に関わる

屋外・屋内に限らず暑熱環境の下で長時間作業を行うと、異常な体温上昇や発汗が起こり、めまい、頭痛、吐き気、失神などの症状が現れます。暑さ指数と言われるWBGTが25℃付近になると患者が発生し、31℃を超えると急増するとのことです。

熱中症の重症度は、3段階に分類されています。Ⅰ度（軽症）では、立ちくらみ（脳への血流が瞬間的に不十分）や筋肉痛、筋肉の硬直（発汗に伴う塩分の不足、こむら返り）、大量の発汗が見られ、これらは現場での応急処置で対応できるレベルとされています。またⅡ度（中等症）では、頭痛や気分不快、吐き気、嘔吐、倦怠感、虚脱感などが現れるもので、病院への搬送が必要です。Ⅲ度（重症）になると、意識障害やけいれん、手足の運動障害高体温（体に触ると熱い、いわゆる熱射病および重度の日射病）が起きており、入院して集中治療が必要なレベルですので注意しましょう。

熱中症の種類は熱失神、熱麻痺、熱疲労、熱射病のように国際的に分類されています。熱中症になりやすい環境は、前日に比べて急に温度が上昇した日や、温度が高くなくても湿度が高いときです。ほかにも、涼しい室内から急に暑い屋外で作業した場合や、薄着できない現場での作業時も留意すべきです。

予防策は、屋内ではエアコンなどで温度調整（推奨28℃）するほか、屋外では帽子をかぶり通気性や吸湿性、乾燥性に優れる衣服を着用します。作業場には庇を設置します。さらに冷水で体を冷やしたり、こまめに補水液を飲んだりします。

熱中症が起きた際の応急処置としては、まず救急車を呼びます。屋外では、風通しの良い木陰など日の当たらない場所に移して安静にします。屋内では、涼しい部屋に移して冷水で首や脇などを冷やし、状況に応じて塩分を含んだ水を補給します。

要点BOX

- 自然環境や作業環境、作業者の体調、作業量を常に考慮して予防策を講じよう
- 25℃付近で発生し、31℃を超えると急増

熱中症になりやすい主な環境

●気温が高い
●湿度が高い
●風が弱い
●日差しが強い
●閉め切った屋内
●エアコンのない部屋
●急に暑くなった日
●熱波の襲来

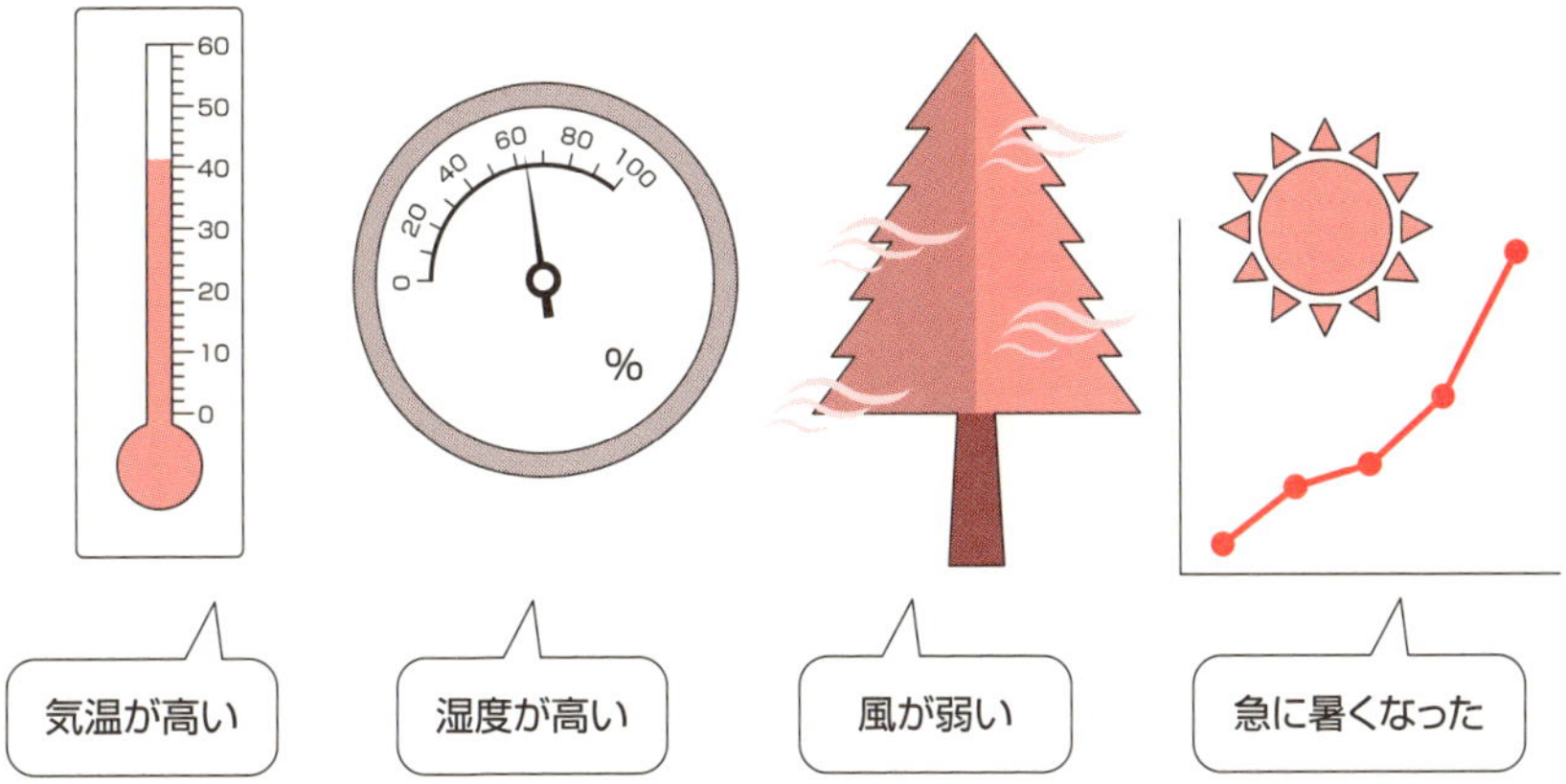

熱中症の種類

①熱失神	運動や暑さで上昇した体温を体は下げようとするが、そのときに脳に血液が十分に行き渡らず、酸欠状態になった状態。気分が悪くなる、めまい、立ちくらみのほかに手のしびれやこむら返りが起こることもある
②熱痙攣（けいれん）	大量に発汗して、水分を補給したものの体内の塩分やミネラルが不足したときに起こる。 体の硬直や発汗が見られる
③熱疲労	大量に発汗したのに、それに見合った水分補給をしていない場合に起こる。症状としては倦怠感や悪寒、嘔吐などを伴った脱水症状が見られる
④熱射病	熱失神や熱痙攣、熱疲労が進むと、体は体の体温調節をすることができず、体温が40℃以上に上がる。さらにその影響が脳にまで及び、意識を失ったり命の危険にさらされたりする状態になる

熱中症でも、熱失神と熱けいれんは軽度、熱疲労は中度、熱射病は重度に分類される

用語解説

WBGT（湿球黒球温度：Wet Bulb Globe Temperature）：暑さ指数のことで、単位は摂氏度（℃）で示されるが、気温とは値が異なる。人体の熱収支に与える影響の大きい①湿度、②日射・輻射など周辺の熱環境、③気温の3つを取り入れた指標

応急手当の順序（FIRE）：帝京大学三宅康史教授による提言で、E（Emergency call：救急車を呼ぶ）→R（Rest：涼しい場所で安静にする）→I（Icing：首筋、脇の下、脚の付け根などを冷やす）→F（Fluid：水分補給）というように、FIREの文字並びとは逆順で対応する

Column

「駅伝」で安全衛生意識が高まる!?

メディアに最初に登場したスポーツイベントは、福沢諭吉が創刊した時事新報社が１９０１年に主催した東京・上野の「不忍池湖畔長距離競争」と言われています。12kmに及ぶ競技の参加者・タイム・終了後のインタビューを掲載したとのことです。長距離競走と言えば、現在では通称、箱根駅伝が国民的関心を呼ぶスポーツイベントとして知られています。

箱根駅伝は、10人の走者が往復約２１７kmを約10時間で走破します。近年は、青山学院大学や東洋大学、早稲田大学などが激戦を繰り広げています。アスリートに寄り添って走る管理運営車も、選手のユニフォームやたすきと同じカラーのラッピングを施すことが多いようです。ちなみに、管理運営車や多くのドライバーはトヨタが提供しています。

駅伝は、トヨタグループ内でも人気のあるスポーツイベントの1つに数えられます。トヨタスポーツセンターで催される大会には、世界各国から3万人以上が参加します。「一般ロング・女性・シニア・ふれあい」の4区分で、約５７０チーム（8人編成）が競う一大イベントです。

複数の走者が順にたすきをつないで行く日本独自の「駅伝」は、ただ走るというだけでなく、チームプレーという求心力をもたらします。また同時に、脚力を鍛えることでつまずき転倒災害も防ぎ、ストレスフリーへの効果も高く、安全衛生健康の維持にきわめて有効です。

第3章

安全改善に向けた活動

19 2Sから5S、7Sへ

初めの一歩は2S

2Sとは、Seiri（整理）＋Seiton（整頓）であり、安全活動でも基本となります。

整理は、必要なモノと不必要なモノを分け、不必要なモノを捨てることを言います。区分するためには基準が必要で、たとえば古くなって活用が見込まれないかどうか、あるいは一定期間内の使用履歴、金額的価値などを判断します。不必要なモノは他部署に公開し、必要とする部署が現れれば引き渡します。数量を減らすことが重要です。

整頓は、取り出しやすく、戻しやすくすることです。取り出しやすくするには、まず取り出すものに名前をつけます。名前を使いやすい基準で層別し、数や種類が増えてきたら大・中・小分類に区分します。収納場所も同じ基準で名前をつけます。さらに、収納場所に番地と収納品名をつけます。収納品名には写真をつけ、ドライバーなどの工具は姿置きにするとわかりやすく、戻しやすいです。

次に2Sに、Seisou（清掃）＋Seiketsu（清潔）＋Shitsuke（躾け）を加えたものが5Sとなります。清掃は、主に床上のゴミなどの掃き掃除や、机上や設備の側壁などの拭き掃除を行います。清掃道具の手入れも欠かせません。

清潔は、作業で汚れた手や腕、顔面を洗い流し、体を炎症から防ぎます。作業衣や耳栓などの保護具は、体に直接触れることから常に清潔にしましょう。また、躾けは決められたことを、決められた通りに、継続できるように習慣化することです。

7Sは、5SにSyoudoku（消毒）＋Sakkin（殺菌）を加えた概念です。消毒は、身体に害を及ぼす物質の除去や無害化を意味します。一方、殺菌は各種細菌やウイルスを殺すことです。食品工場で7Sは特に重視されます。5S活動は、推進組織やリーダーによる5S点検などの仕組みが大切で、トヨタの「7つのムダ」排除活動に通じます。

要点BOX

- ●現場活性化の基本は5S
- ●5Sを1つずつ、順を追って地道に確実に進めていこう

2S·5S·7Sの概念図

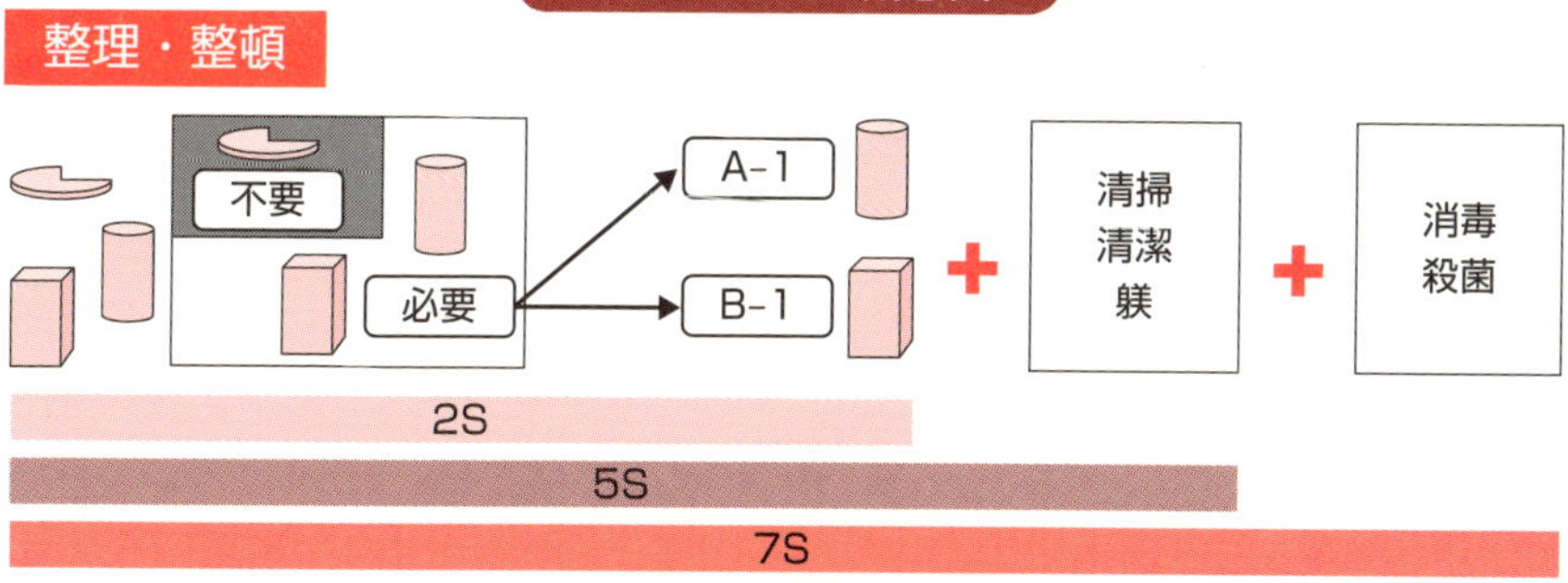

5S点検チェックリスト

<table>
<tr><td colspan="6">5S点検チェックリスト</td></tr>
<tr><td colspan="2">対象工場</td><td></td><td>実施者</td><td></td><td>実施日</td></tr>
<tr><td>5S区分</td><td>NO</td><td>点検項目</td><td>点検内容</td><td colspan="2">評価</td></tr>
<tr><td rowspan="5">整理</td><td>1</td><td>不要な機械、道具はないか</td><td>作業台の上、周囲に不要な設備や工具などはないか</td><td colspan="2">✓</td></tr>
<tr><td>2</td><td>不要な原材料などはないか</td><td>不要な部品·材料などはないか</td><td colspan="2">✓</td></tr>
<tr><td>3</td><td>不要な備品はないか</td><td>使用予定のない箱や台車はないか</td><td colspan="2"></td></tr>
<tr><td>4</td><td>使用頻度で管理されているか</td><td>使用頻度の低い工具、治具は置かれてないか</td><td colspan="2"></td></tr>
<tr><td>5</td><td>使用期限は適切か</td><td>定期点検はしているか</td><td colspan="2"></td></tr>
<tr><td rowspan="5">整頓</td><td>1</td><td>保管場所は適切か</td><td>所定の場所に置いてあるか</td><td colspan="2"></td></tr>
<tr><td>2</td><td>場所の表示がされているか</td><td>品名表示がなされているか</td><td colspan="2"></td></tr>
<tr><td>3</td><td>適切な位置に置いてあるか</td><td>決められた位置に保管してあるか</td><td colspan="2"></td></tr>
<tr><td>4</td><td>モノが見つけやすくなっているか</td><td>すぐに使うモノとストック品との区別がなされているか</td><td colspan="2"></td></tr>
<tr><td>5</td><td>モノが取り出しやすくなっているか</td><td>必要なものがすぐに取れるか</td><td colspan="2"></td></tr>
<tr><td rowspan="4">清掃</td><td>1</td><td>床はきれいに保たれているか</td><td>ゴミや原料くずが落ちていないか、油や水で濡れていないか</td><td colspan="2"></td></tr>
<tr><td>2</td><td>設備はきれいに保たれているか</td><td>ホコリや原料くずなどが付着していないか</td><td colspan="2"></td></tr>
<tr><td>3</td><td>製品を入れる箱はきれいか</td><td>ホコリや汚れはないか</td><td colspan="2"></td></tr>
<tr><td>4</td><td>清掃用具は揃っているか</td><td>所定の場所に必要な清掃用具が保管されているか</td><td colspan="2"></td></tr>
<tr><td rowspan="5">清潔</td><td>1</td><td>設備はきれいに保たれているか</td><td>操作パネルは汚れていないか</td><td colspan="2"></td></tr>
<tr><td>2</td><td>作業場の明るさは適切か</td><td>工場内の蛍光灯が切れていないか、明るさは適切か</td><td colspan="2"></td></tr>
<tr><td>3</td><td>製品などの保管場所は適切か</td><td>排気ガスやホコリが舞う環境に製品などを置いていないか</td><td colspan="2"></td></tr>
<tr><td>4</td><td>工場環境は適切に守られているか</td><td>エアー、水、油の漏れがないか</td><td colspan="2"></td></tr>
<tr><td>5</td><td>ゴミ箱の中は片付けられているか</td><td>ゴミ箱の中がゴミで一杯になっていないか</td><td colspan="2"></td></tr>
<tr><td>躾</td><td>1</td><td>ルールを守っているか</td><td>決められたルールを理解して守っているか</td><td colspan="2"></td></tr>
<tr><td colspan="6">指摘事項</td></tr>
</table>

用語解説

姿置き：道具や文具などの姿・形を、その置き場に描いたり彫り込んだりし、それに合わせて置くこと。「入れやすく、取り出しやすく」が基本で、これにより「使用中」であることも一目でわかる

5S点検：各職場の中堅社員で点検チームを組織し、チェックシートに基づいて月1回程度実施する

20 3ムと3H

作業環境と頻度の視点から安全を考える

ムリ、ムラ、ムダを総称して「3ム」と言います。3ムは人の面から問題を探ることが多いですが、次項でも述べる4Mの視点を適用することも有効です。

ムリは、作業者や設備能力以上の負荷を要求する場合や不自然な姿勢、高温など劣悪環境で作業する場合を言います。一方のムラは、時間経過的な負荷変動や、同じ作業でも手順が決まらず作業時間が変わる場合のことです。投入にムラがあると結果もムラになり、安定した出力は残せません。

また、ムダは必要出力を得るために、必要以上の資源を投入することを指します。ムリな作業計画や作業条件により品質不良や不安全作業を招き、作業効率の低下につながります。ムラの原因になる作業工具・方法の不統一による製品品質、作業時間のバラツキが、最終的にムダにつながります。その代表的な定義としてトヨタの「7つのムダ」があります。

3Hは、Hajimete（初めて）、Henkou（変更）、Hisashiburi（久しぶり）の頭文字をとったものです。作業者を尺度とし、作業開始時の経験により作業の出来栄えが変化しやすいため、注意が必要です。

3Hを4Mに当てはめると、初めて（1H）の場合は、「1M：人～新入社員」「2M：設備～新設設備導入時」「3M：材料～新材料採用時」「4M：方法～新加工法採用」などとなります。変更（2H）は、「1M：作業者の変更」「2M：同型設備の他設備に変更」「3M：材料の改質」「4M：工法変更手順変更」となり、久しぶり（3H）では「1M：長期間該当作業をしていない作業者」「2M：長期間使用していない設備の使用時」「3M：長期間使用していない材料の使用時」「4M：長期間使っていない工法で加工するとき」などに留意して安全性を検証すべきです。

要点BOX

- ●3ムはムリな作業から優先順位をつけて活動
- ●3Hは災害など問題が発生しやすい時機的観点で、リスクアセスメント実施の好機ととらえる

3ムと7つのムダ

3ム

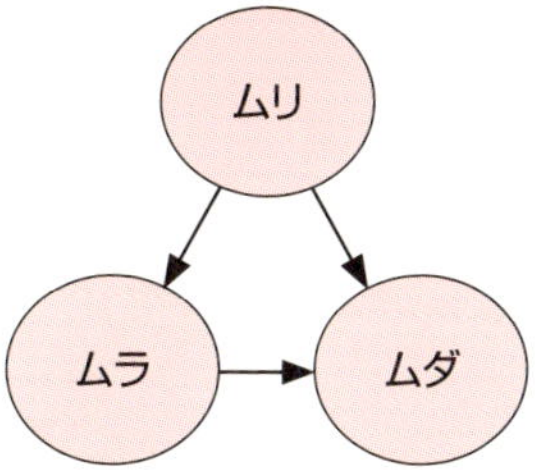

7つのムダ			
つくりのムダ	つくり過ぎのムダ	加工のムダ	
	動作のムダ	不良·手直しのムダ	
仕組みのムダ	手待ちのムダ	在庫のムダ	運搬のムダ

3Hと4M

4M / 3H	設備 (Machine)	人 (Man)	材料 (Material)	方法 (Method)
初めて (Hajimete)	新設備導入など	新入社員など	新材料採用など	新加工法採用など
変更 (Henkou)	同型設備を他設備に変更など	作業者の変更など	材料の改質など	工法や手順の変更など
久しぶり (Hisashiburi)	長期間使用していない設備の使用など	長期間該当作業していない作業者など	長期間使用していない材料の使用など	長期間使用していない工法での加工など

いつもと作業条件が違うときは何か不安定なことが起きるタイミングなんだね

用語解説

出来栄え：製造された品物の品質レベルを言う。品質には、設計品質（狙いの品質）、製造品質（出来栄え品質）、使用品質（顧客の使用時の品質）の3つの視点がある

作業効率：一定の作業を行うのに必要な時間を比較すること。単位時間当たりの生産数や1台当たりの生産時間などで比較する。人数・時間を加えたマンアワー（M・H）も使う

21 4Mと魚の骨

ケガの要因がどこから来ているかを特定

人（Man）、設備（Machine）、材料（Material）、方法（Method）を表す「4M」は企業経営の基本で、その良否が企業業績に強く影響します。これを安全衛生の視点から見ます。

まず「人」は、労働災害や職業性疾病の直接対象です。作業についての安全知識や作業安全スキル、作業規則の順守姿勢、作業者自身の体調管理（疲労、睡眠不足、頭痛、腹痛メンタルストレス）などは重要事項です。レベルアップに向け、実技を含めた教育訓練の充実が欠かせません。

「設備」は、人にケガをさせる要因として軽視できません。主なケガの現象として、安全カバーの開閉によるはさまれ、穴あけ作業におけるボール盤のドリルへの巻き込まれなどが挙げられます。各種の安全装置・カバーなどを設置し、安全を確保します。

「材料」については、必ずしも固体に限りません。液体や気体の場合もあります。重い鋼片を扱う際の落下や搬送時の腰痛には留意が必要です。また、熱い蒸気を扱う場合は火傷への配慮も必要です。

そして、「方法」については正しい取り扱い方法を決め、それを守ることが大切です。適切な保護具の着用を、作業手順書などに明示しておくべきです。

一方、工場で起きるケガなどの発生率を下げるため、不安全な作業を排除する取り組みが重視されています。その際、特性（ケガ発生）とその要因との関係を示す「魚の骨（特性要因図）」を用い、影響度の高い項目から優先着手すると効果的です。ケガ発生率などの特性に対し、要因を4Mに設定することは多いです。ケガの発生要因を、人・設備・材料・方法のどれに起因したものかに分けると、理解しやすくなります。そして「魚の骨」のように、頭・背骨・枝骨・小骨と順次細かく要因を検討することで、1つの特性に対して多くの要因が関係していることが、身近に感じられるようになるのです。

要点BOX

- 「魚の骨」（特性要因図）を使ってケガの要因を探し出す
- 要因の切り口として4Mが多用される

QC7つ道具と具体例

【層別化】
製品別、工程別にグループごとに現状を把握

問題発見、分析、効果確認などの用途ごとに7つの道具を使い分ける

使用する道具
・パレート図
・特性要因図
・グラフ
・管理図
・チェックシート
・ヒストグラム
・散布図

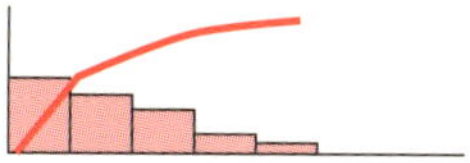
【パレート図】

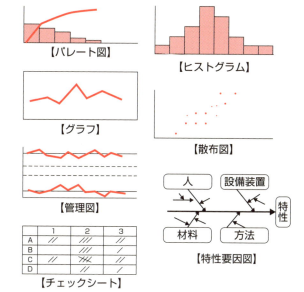

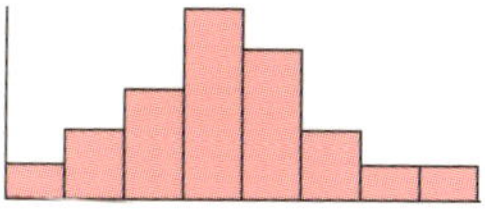
【ヒストグラム】

【グラフ】

【散布図】

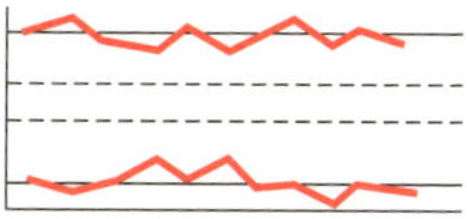
【管理図】

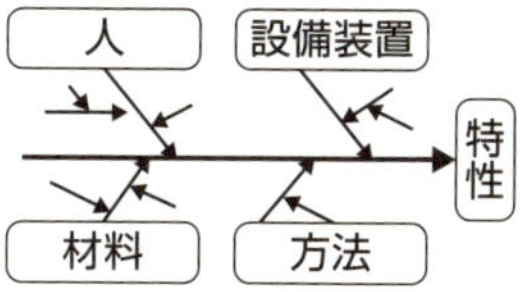

【特性要因図】

	1	2	3
A	//	///	//
B		///	/
C	//	///╲	//
D		//	/

【チェックシート】

4Mを軸にした安全管理への展開

要因の切り口

- 人（Man）
  - 安全知識
  - 作業安全スキル
  - 作業規則の遵守姿勢
  - 作業者自身の体調管理
- 設備装置（Machine）
  - 安全カバーの開閉などのはさまれ
  - 穴あけ作業時のボール盤のドリルへの巻き込まれ
- 材料（Material）
  - 重い銅片を扱うときの落下
  - 搬送時の腰痛
  - 熱い蒸気での火傷
- 方法（Method）
  - 間違った取り扱い方法
  - 間違った作業手順

用語解説

ボール盤：金属をはじめとする材料に、小径の穴をあける場合に使う工作機械。刃物であるドリルを装着した回転主軸を上下させ、テーブル上のバイスに固定された材料にドリルを接触させて加工する

ドリル：約10cm程度の細い金属棒に螺旋状の刃先がついた回転工具。材質はハイスや超硬合金が主で、加工素材は金属、木材、コンクリートなど。加工時には冷却用の油を用いる

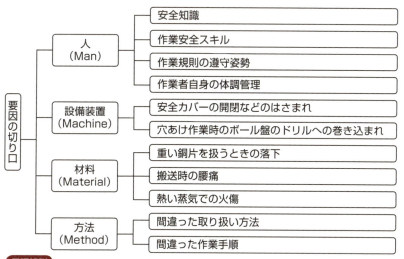

22 5WHYはトヨタ式

真因が見つかるなら5回でなくてもよい

トヨタ自動車の大野耐一元副社長が、モーターの故障を例にして「5回なぜを繰り返して真因をつかめ」と言っています。これが5WHY（5なぜ）の原点です。5WHYは考え方・向き合い方であり、手法ではありません。問題に対して短絡的に原因を推定せず、真因をしっかり考えないと再発し、真の対策にはならないと言っているのです。真因に到着できれば、5回にこだわる必要はありません。

故障は多くの場合、不具合とその原因が一対になって対応することが多く、要因調査に1本の系統図で済むことが多いようです。ただ、複雑な問題や特に化学反応を伴う問題では、複数の系統を同時に起こしている場合もあります。このように複雑な構造問題に対し、5WHYの考え方を援用した手法が、設備改善活動で多用される「なぜなぜ分析」です。

要因調査で重要なことは、3現主義に則って現地に向かい、現物を自身の眼で詳細に観察して現実を現認し、原理・原則に基づいて判断することです。ここでの現認とは、外側を診る（外観・表面性状・色相・俯瞰的・微視的拡大鏡など）、内側を診る（透かし・内視鏡覗き・分解）、比較して診る（正常なもの・他の異常なもの）、測定して診る（寸法・硬度・比重・加圧・引っ張り）の4つが基本です。

5WHYの表記は簡潔に、修飾語は不要で、最後に逆さ読み検証を実施します。5WHYの内容に飛躍があると、逆さ読み検証をしたときに違和感を覚えます。

ところで、5WHYを使わずに「概略部位が特定でき、その部位を交換できればよい」というレベルであれば、「5WHERE（5どこ）」で簡単に、かつ容易に解決にたどり着けます。具体的には、どこのライン→どの設備→どのユニット→どの単体装置→どの機械要素部品というように展開します。

要点BOX

- ●5WHYの目的は、目先の現象のみで判断をしないこと
- ●しつこく真因を探す姿勢が求められる

3現主義と5ゲン主義

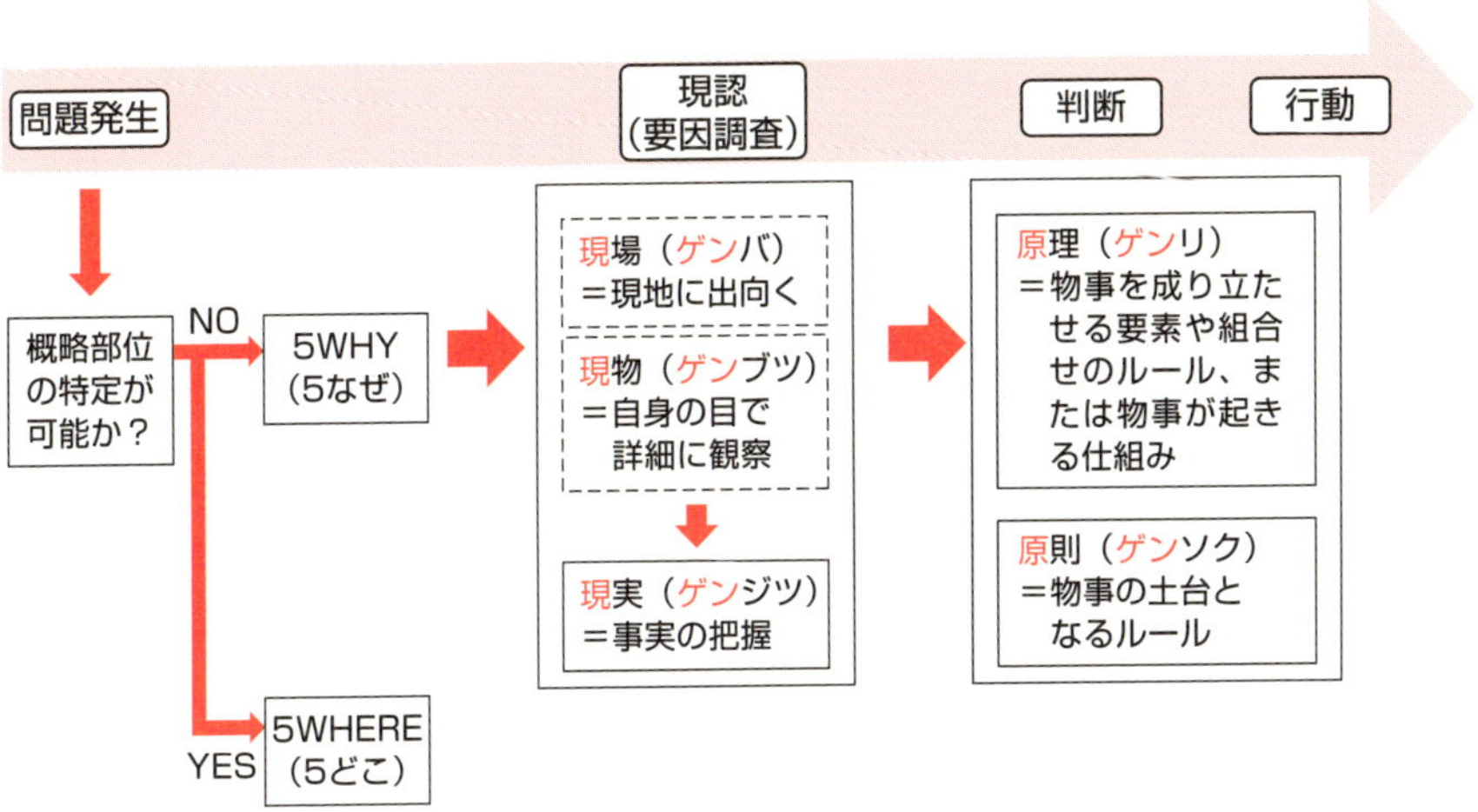

現認の4つの視点

1.外側を診る
- ○外観
- ○表面性状
- ○色相
- ○俯瞰的
- ○微視的拡大鏡

など

2.内側を診る
- ○透かし
- ○内視鏡覗き
- ○分解

3.比較して診る
- ○正常なもの
- ○他の異常なもの

4.測定して診る
- ○寸法
- ○硬度
- ○比重
- ○加圧
- ○引っ張り

用語解説

逆さ読み検証：例えば「5なぜ」のような系統図で、1次なぜ→2次なぜ・・・→5次なぜと順に展開した場合、各次で抽出した解答に飛躍がないか（論理的かどうか）を検証する手段。5次から遡り、「なぜ」を「だから」に置き換えて読む。5次だから→4次だから→・・・1次だからと読み進める。辻褄の合わない箇所が出てきたら、論理的な解答ができていない証拠

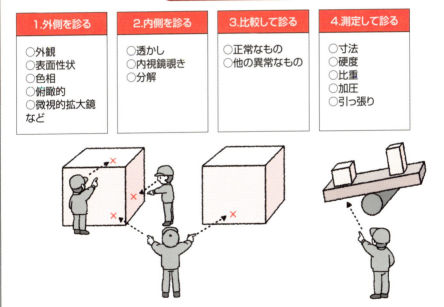

23 6Wとトヨタ式6W

危機管理における優先順序

情報伝達の必須条件に、正確性（Correctness）、明確性（Clearness）、簡潔性（Conciseness）および論理性（起承転結）を示す「3C」という言葉があります。たとえば新聞記事のリード文は、主に「6Wルール」で記述されています。

6WとはWhen（いつ）、Where（どこで）、Who（誰が）、What（何を）、Why（なぜ）、How（どのように）のことです。これに、Whom（誰に）とHow much（どれだけ）を追加して「8W」という場合もあります。これらの用語を意識しておくと、報告書の漏れやダブりを回避するチェックリストなどに活用できます。

ケガや災害など危機管理における伝達報告に使う6Wの記述順序としては、まず「何が起きたか（What）」、2番目に「誰が（Who）」、次に「いつ（When）」「どこで（Where）」と続けます。「なぜ（Why）」「どうやって（How）」は別報告でもよいとされています。現実に発生した災害などの客観的かつ迅速な把握と伝達を優先するからです。安全衛生部門が発行する災害速報や災害報告書はこれに該当します。

なお、トヨタでは6Wについて独自の運用をしています。トヨタ式6Wは、文章記述ではなく、問題解決技法として想像力の発揮を導く運用を言います。「6W＝5Why＋How（Why，Why，why，why，why＋How）」です。「なぜ5回」を行って問題を深探りし、本質をとらえて解決するかを示しています。WhyとHowが思考のドライブ力を有しており、その他の「W」は単なる名詞表現で終わることが多いようです。

災害報告のほかにクレームなどの品質不良にも、6W視点による報告書は有効です。また報告書だけでなく、口頭での「ホウ・レン・ソウ」（報告・連絡・相談）も6Wでまとめておくと役立ちます。

要点BOX

- ●6Wは情報伝達の基本中の基本
- ●客観的で迅速な把握が重視される
- ●ホウ・レン・ソウも6Wでまとめよう

8Wの具体例

What	何を	【 仕事の内容、種類、性質、分量 】
Why	なぜ	【 意義·目的、動機、理由、狙い、背景、必要性 】
Who	誰が	【 組織、担当、グループ、中心人物、役職、人数、主人公 】
Whom	誰に	【 相手、関係、人数 】
When	いつ	【 着手時期(タイミング)、期限、時間、納期、スケジュール、季節、頻度 】
Where	どこで	【 場所、位置、職場内外、屋内外、出先、舞台 】
How	どのように	【 手段、方法、段取り、テクニック、進め方、期待度 】
How much	いくら	【 数量、予算、単価、範囲 】

情報伝達の3Cと6W,危機管理の6Wとトヨタの6W

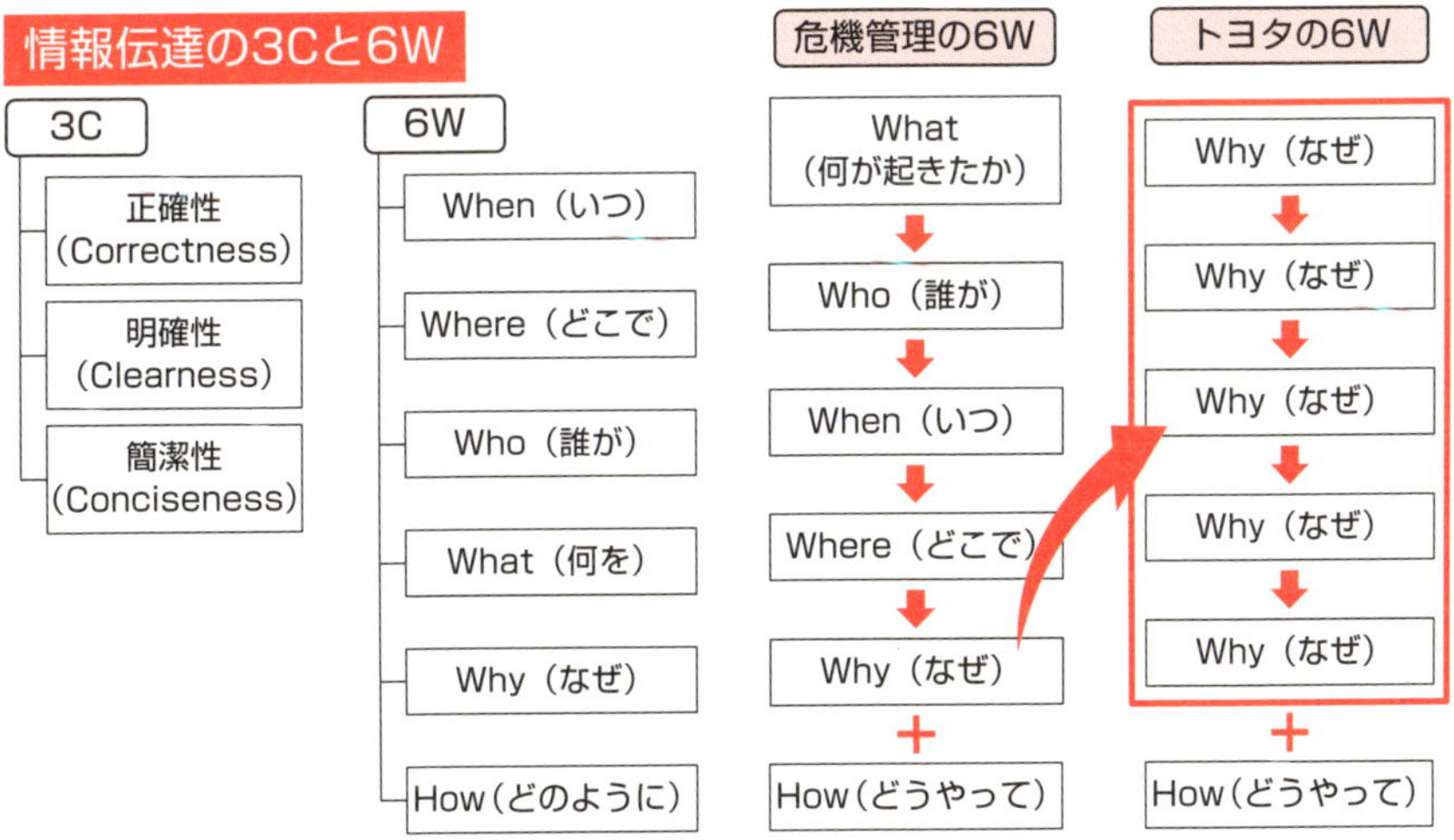

用語解説

情報伝達用6Wチェック：情報収集、整理、伝達のための漏れ、ダブりのチェックと、今後の企画対策のための情報収集、整理のためのチェック、発想の喚起のためのチェックがある

ホウ・レン・ソウ：報告・連絡・相談のこと。報告は、上司に対して進捗状況や実施結果などを知らせる。連絡は、関係者などの業務に役立つ必要事項を知らせる。相談は、判断に迷った際や複数の代案の選択時にアドバイスをもらうことを言う

24 トヨタ「7つのムダ」とECRS

不安全な作業、工程、設備の見直し

　ムダは、工場の改善テーマの主要なものです。トヨタ自動車が定義した「7つのムダ」がよく知られています。7つのムダは「つくりのムダ」と「仕組みのムダ」に二分され、トヨタの改善も「つくりの改善」と「仕組みの改善」がセットで行われます。

①つくりのムダ

　作業や動きに関するムダを言い、「つくり過ぎのムダ」「加工そのもののムダ」「動作のムダ」「不良をつくるムダ」の4つです。動作のムダは安全にも大きく影響します。

　つくり過ぎのムダは、必要な生産量以上につくることのムダを指しています。必要量以上の生産物は在庫となります。また液物や食品では減耗、腐食、劣化を招きます。なぜ、必要以上につくるかと言えば、設備や材料などのトラブルによる生産の不安定があるためです。しかし、必要以上の在庫がこの生産上のトラブルを見えなくし、現場の体質向上活動を阻害してしまいます。したがって、7つのムダのうち最も良くないムダと言われています。

②仕組みのムダ

　管理上の不備によるムダを言い、「手待ちのムダ」「在庫のムダ」「運搬のムダ」の3つです。手待ちのムダは、前工程の設備や材料のトラブルにより、後工程の設備や人に手待ちが発生することです。前後工程との工数バランスが悪くても、手待ちが発生します。

　7つのムダ対策へのアプローチとして有名な「ECRS」の概念があります。ECRSは改善の4原則と言われ、次に示す順番でムダ取りを進めます。Eliminate（排除）→Combine（結合と分離）→Rearrange（入れ替えと代替）→Simplify（簡素化）です。特に、「E」の推進により根本的に考え直し、不安全な作業や工程、設備を排除できれば安全確保につながります。

要点BOX

- ●トヨタ7つのムダは「つくりのムダ」と「仕組みのムダ」に分かれる
- ●ECRSの見方で改善アイデアを創出する

つくりの4つのムダ

❶つくり過ぎのムダ

製品の山→破棄

❷加工そのもののムダ

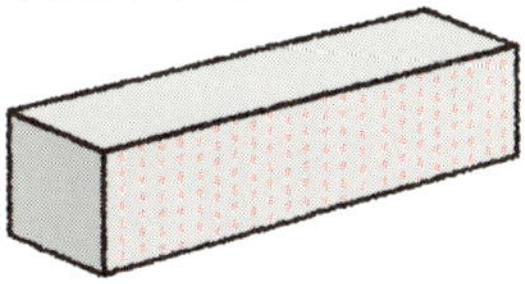

組付1面の加工に変更

❸動作のムダ

上下動

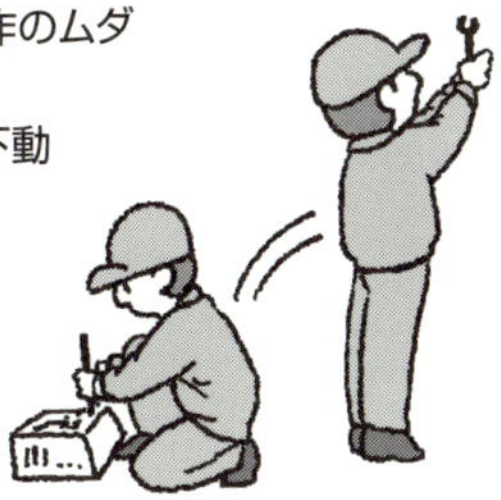

❹不良をつくるムダ

キズの発生

ECRS(改善の4原則)

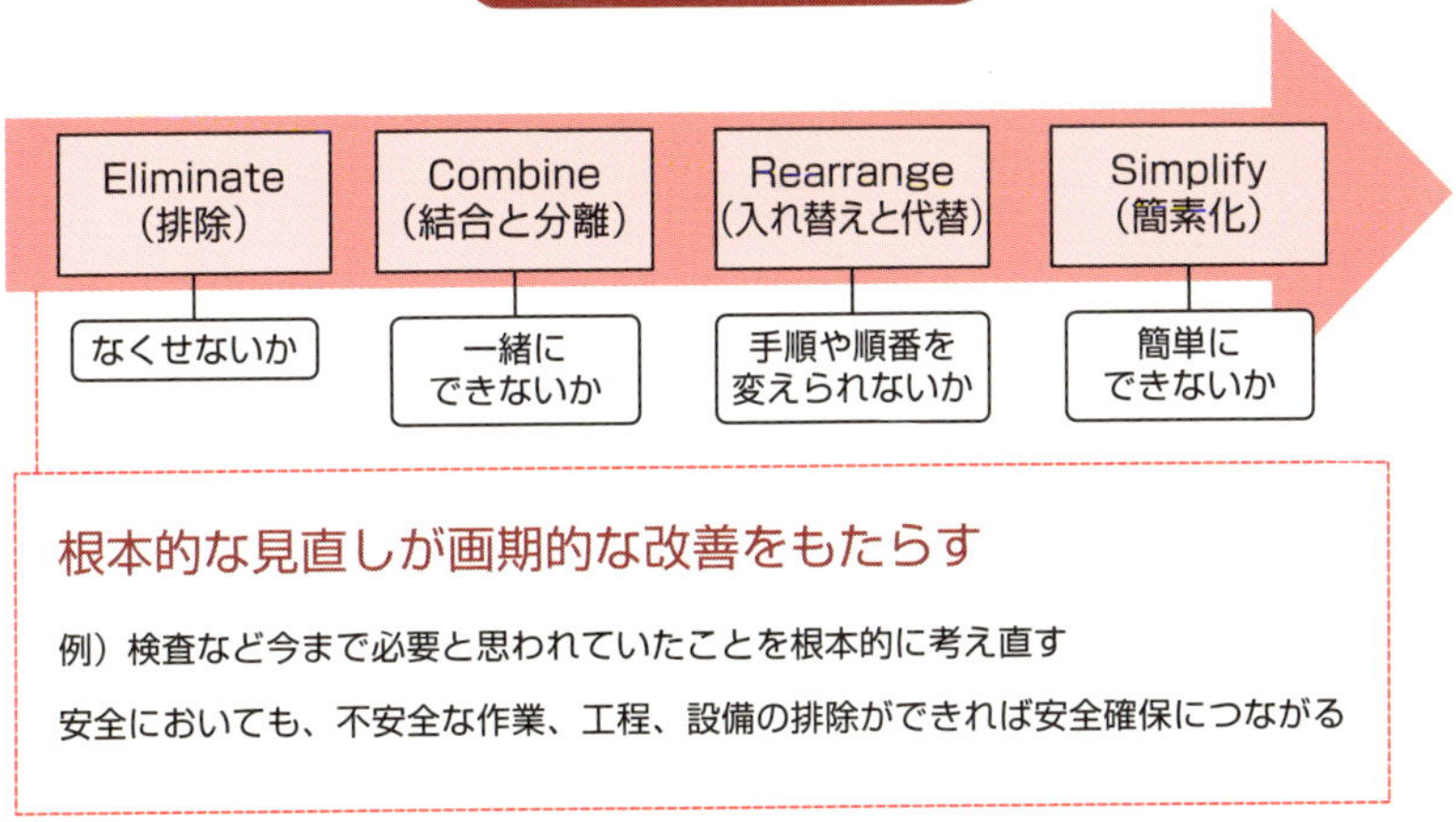

根本的な見直しが画期的な改善をもたらす

例) 検査など今まで必要と思われていたことを根本的に考え直す

安全においても、不安全な作業、工程、設備の排除ができれば安全確保につながる

用語解説

減耗:すり減ること、滅失すること。工場の在庫棚卸の際に、盗難や紛失などで帳簿と実地が異なることがあり、簿記の勘定科目ではこれを棚卸減耗損と言う

工数バランス:組立作業の例では、各工程別の作業時間のバラツキを言う。時間当たりの生産量は最大時間を要する工程により決まる。この工程を作業分割で他工程に移し、各工程を同じ時間になるよう調整して各工程間の工数バランスを良くする

25 8の字展開と災害解析

8ループを回して改善を確実にしよう

8の字展開は、TPMの8本柱の1つである品質保全で多用される手法です。品質問題などを3つの問題のタイプに分け、8つのステップの最適ループを選択して対策するものです。

現状の条件を守るだけでは解決しない場合をタイプ1とします。条件設定をさらに追及してから、維持管理ループを進めるものです。一方、タイプ2は改善ループを進め、維持体制については見直しをするものです。そして、タイプ3は両方に問題がある場合で、2つの維持管理・改善ループについて順を追って進めます。品質問題だけでなく、設備の劣化に伴う条件変化による設備の異常動作や故障が災害発生へつながるため、安全問題の解決にも有効です。

8の字展開は、維持管理活動と改善活動の2つのループから成り立っています。維持管理活動は、現状把握→復元→条件改善→条件管理というループになります。一方、改善活動は維持管理活動のループにおいて復元したにもかかわらず良くならないときは、評価後に要因分析→原因対策→条件設定というループに入ります。その後、評価を実施し、維持管理ループに戻り、条件改善へと進みます。この場合、各ループを8の字を描くようにステップ展開するため、8の字展開と呼んでいるのです。

8の字展開の具体的な展開は、どのような問題が発生しているか、守るべき基準値は何か、基準値からどの程度外れているかを調べる現状調査から始めます。そして元の姿に復元するかを確認し、PM分析などの要因分析を行って基準を見直します。不具合対策や復元結果を確認した後、標準などを改訂します。さらに、項目の削減や点検周期の延長、点検時間の短縮など改善に着手し、条件管理に入ります。

こうしたループを回すことで、各工程の細かい品質不良要因や不安全要因を撲滅します。

要点BOX

●8の字展開は維持管理ループと改善ループから成り立っている
●改善ループにはPM分析などを利用

8の字展開のイメージ

「改善活動」と「維持管理活動」の2つのサークルを回す

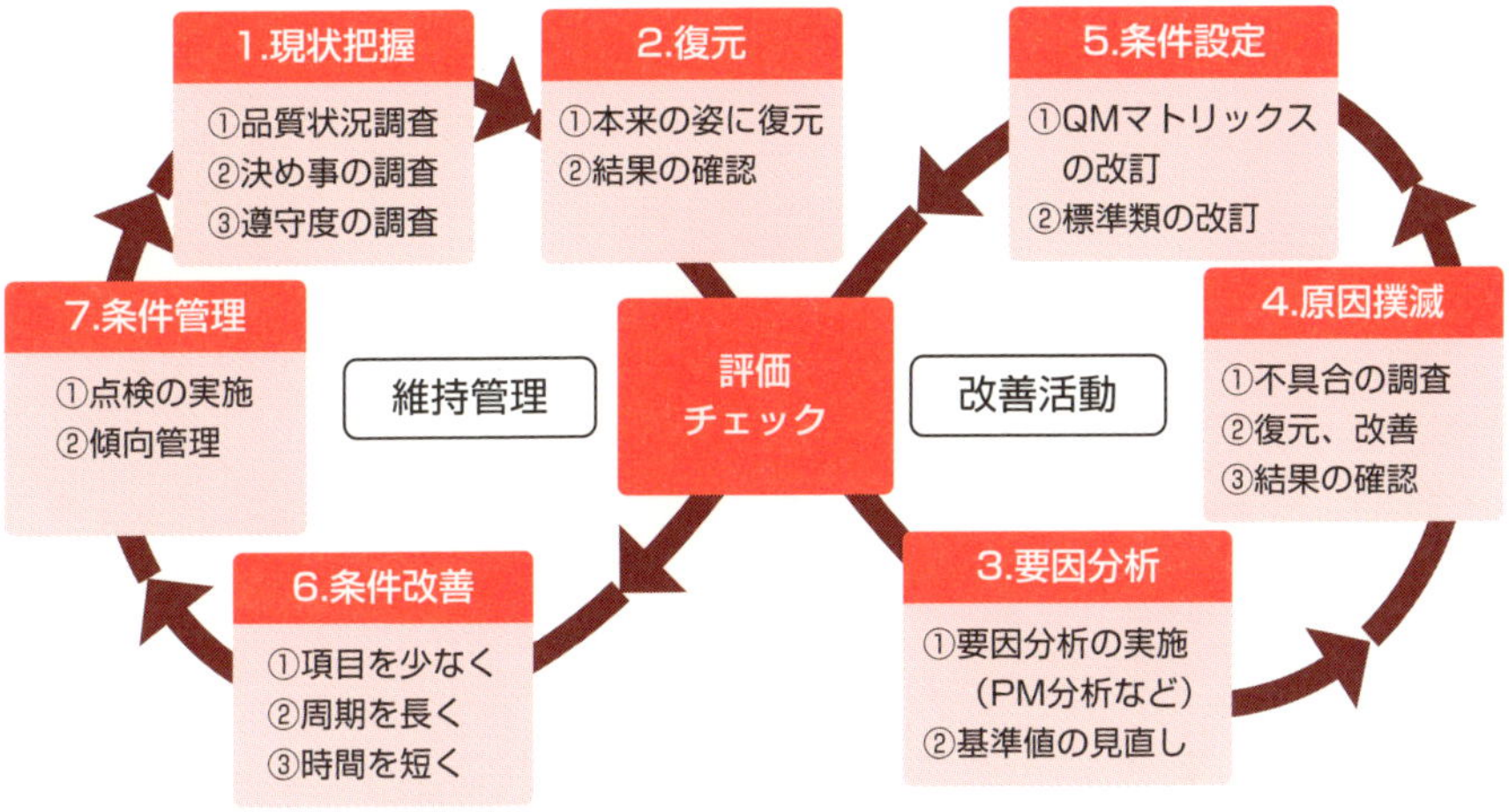

QMマトリックス図（塗装工程の例）

塗装工程	設備A 洗浄機	設備B 脱脂設備	設備C 塗装噴霧	設備D 乾燥機	設備E 水研作業	… …	
品質							
①アワ、ワキ				○			
②スケ、タレ			○				
③ハジキ		○					
・							
・							
安全衛生							
①有機溶剤中毒	○		○				
②皮膚炎	○	○	○				
③白蝋病 （レイノー病）					○		
・							
・							

用語解説

PM分析:慢性的な不良や故障を物理的に分析して、そのメカニズムを明確にする手法。PMのPはPhysical（物理的）Phenomenon（現象），MはMechanism（機構）Machine（機械）を言う

PM分析の進め方：①現象の明確化、②現象の物理的解析、③現象の成立条件、④4Mとの関連性検討、⑤あるべき姿の検討（基準化）、⑥調査方法の検討、⑦不具合の摘出、⑧復元・改善の実施という8ステップをたどる

26 トヨタのGD^3

設計問題を顕在化させる手法

GD^3（ジーディーキューブ）は、トヨタ自動車の吉村達彦氏が考案した未然防止手法です。Good Design（リスクの見える設計）、Good Discussion（視点を変えた議論）、Good Dissection（現地現物での詳細観察）という3つのGDからなっています。

リスクとそのレベルが見える設計とは、今まで実績のあるベース設計に対して、新しい設計のどこが異なるかが明確になっている設計のことです。さらに、設計が成立する条件と破綻する条件を知っていることで、リスクを明確にした設計と言えます。実績のある設計をベースに、変更部分は標準を適用して設計することを勧めています。

通常、設計が終了した後はDR（デザインレビュー）を行います。このとき、FMEAをもとに行いますが、GD^{3}では「故障モードに基づく設計レビュー（DRBFM・Design Review based on Failure Mode）」を設定して活用します。標準との差や変更点の背後に隠れている問題点を発見することが重要なため、ベース設計との差を記録する変更点記録を残すことを重視しています。

Good Discussionをするために準備するものとしては、ベース設計図面、新設計図面のほかにDRBFMワークシートと変更内容、変更理由、心配項目などをまとめた変更点一覧表があります。これらを実際に投影して議論すると効率的です。

DRBFM実施上の留意点として、①技術に厳しく、人には優しく、②付加価値をつけて設計者を助ける、③設計者の説明を最後まで聞く、④設計者の気づきを引き出す質問をする、⑤設計者が考えない領域に視点を広げる、⑥顧客のためにDRを行うことを自覚する、と指摘しています。この手法は品質問題を未然防止する手法として活用されることが多いですが、安全問題に活用するとより効果的です。

要点BOX

- Good Design、Good Discussion、Good Dissectionという3つの“GD”
- DRBFMにより確実に未然に防ぐ

DRBFMでの議論の進め方

設計者		レビュー
何を変えたか？	←	他に変更点・変化？
変更に当たって何を心配？	←	他の心配な点？潜在問題？
どんなときに起きる？	←	他の原因？
顧客にどんな影響？	←	他の影響？
問題が起きないようにどんな対策？	←	他の対策？

DRBFMワークシート

用語解説

DRBTR(Design Review based on Test Result)：試験結果のレビューに用いる。設計後に試験を行うが、試験前後にその差に着目して問題点を探り出す手法

DRBDP（Design Review based on Difference of Products）：試作品と量産品の差など製品の差をリスクとして問題を摘出する手法

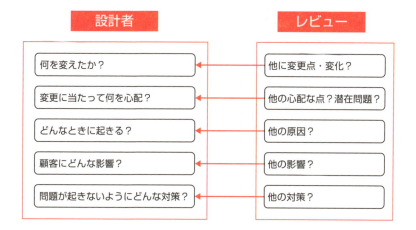

Column

大運動会で心身リフレッシュ!

オールトヨタビッグホリデーは、トヨタグループ主要会社（豊田自動織機、愛知製鋼、デンソー、アイシン、トヨタ車体、ジェイテクト、豊田合成、豊田通商ほか）の社員と、その家族のための大運動会イベントで、毎年1回トヨタスポーツセンターで開催されます。スポーツセンターには2つの体育館と室内水泳場、硬式野球場、テニスコート、ラグビー場、サッカー場、総合陸上競技場があります。そこで各社の選抜アスリートによるスポーツ競技のほか、たとえばバトントワラーなどの応援合戦が繰り広げられます。

総合陸上競技場では、歌謡ショーや地元のお笑い芸人によるショーなどが開催されました。また各種屋台のほか、各社の社員食堂グランプリによる食べ比べ、ゆるキャラ着ぐるみショー、トヨタ車の展示などがあわせて行われます。社会貢献活動やパラスポーツ支援ブースなどが設けられ、車いすスラロームコーナーなども開設されています。

ボランティアプラザでは消防士コーナーなどもあり、日頃関係の少ないトヨタグループ間のコミュニケーションが図られるメリットが大きいのです。このイベントは運動会ですので、本番までの練習を通して肺活量や筋力を鍛えることになり、腰痛などへの耐性も増します。ここでも安全衛生健康に有効と言えるでしょう。

みんなで一致団結!　大縄跳びで競い合う

第4章

ケガと災害をつぶす

27 ケガの重篤度

評価は安全活動の目的に応じて異なる

ケガの大きさを評価する各種方法のうち、ここでは危険性と有害性を評価するリスクアセスメントの視点と、重傷度や緊急性など生命維持の視点から見ていきます。

リスクアセスメントの視点とは、ケガなどの重篤度×危険・有害物への接近頻度×ケガなど被災の可能性によりその程度を評価し、対策の優先度を決める考え方です。ここでは重篤度を5段階に分け、評価点は以下のように決めています。

○死亡・重大障害（1～7級）災害：10点
○重症傷害（8～14級）災害：8点
○ひどい休業災害（障害なし）：6点
○休業なし、通院治療災害：4点
○通院なし、軽い事故対処可能な災害：1点

一方、生命維持の視点による指標として、緊急度判定トリアージがあります。これは、被災者の重傷度に応じて治療の優先度を判定するもので、緊急搬送や病院などでも使われます。爆発などの大災害時や被災者が多数の場合は必須です。また、工場など高所からの転落や大型移動物体との全身はさまれ事故、身体の複合災害（火傷と骨折など）という生命に関わる緊急時に適用されます。

判定には、ＳＴＡＲＴ法と呼ばれる基準が一般的に使われます。「呼吸の有無（気道確保）」「呼吸数（頻呼吸・徐呼吸）」「循環状態（脈泊・体温・出血）」「意識の有無（反応の有無）」という基準から判定され、「最優先治療群」「待機治療群」など4区分に治療対象を分けています。

なお、労働災害の経験則の1つにハインリッヒの法則があります。「1件の重大災害の裏には29件の軽い災害が、また災害にならないまでもヒヤリ・ハットしたことが３００件程度ある」というものです。次項で詳述しますが、ヒヤリ・ハットへの対策で大災害の発生を抑止するとの考えです。

要点BOX

- ●ケガの大きさの評価は、リスクアセスメントの視点と身体的生命維持的視点の2つがある。
- ●ハインリッヒの法則もケガの評価法の1つ

START法

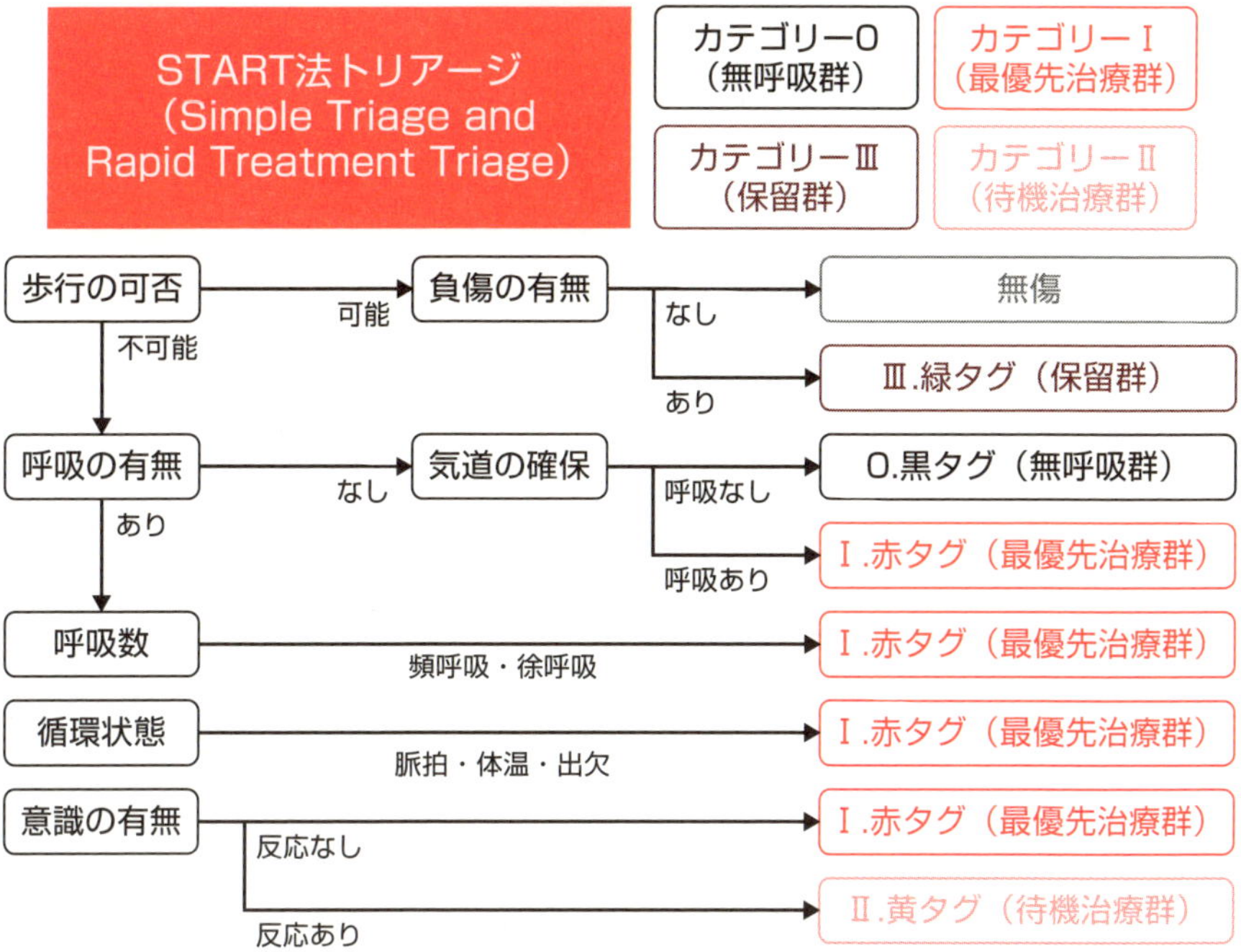

ハインリッヒの法則

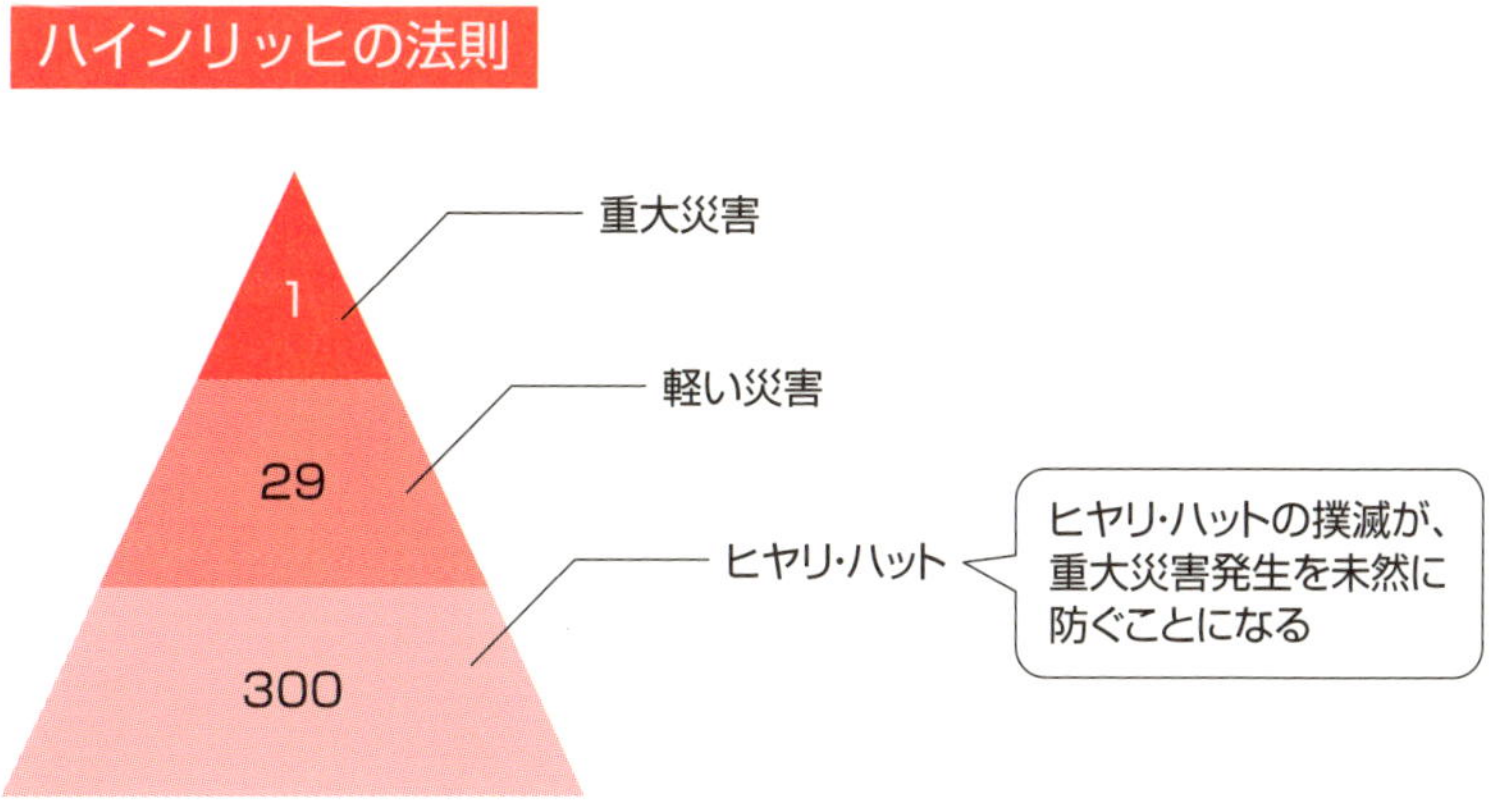

用語解説

危険性:「危険の恐れ」を言い、物理的な作用（はさまれ、墜落など）と化学物質の物理的効果によるもの（爆発など）がある

有害性：「有害性の恐れ」を言い、化学物質などの有害性（中毒など）と物理因子の有害性によるもの（振動障害など）がある

28 ヒヤリ・ハット摘出は身のまわりから

災害発生の原点

ヒヤリ・ハット活動の基本には、ハインリッヒの法則があります。これよりさらに詳細なデータ分析が行われ、米国のバードは「重大事故：軽傷事故：物損事故：ニアミスの比を1:10:30:600」、そしてイギリスの保険会社は「重大事故：軽中傷事故：応急処置を施した事故：物損事故：ニアミスの比を1:3:50:80:400」と示しています。後者は、ニアミスという人のミスも含めた分析に特徴があります。

ヒヤリ・ハット活動の目的は前述したように、1つの重大事故の背後には３００～６００のニアミスを含めたヒヤリ・ハットの経験があり、これらを撲滅することにより職場の災害をなくすことです。一般的には企業トップの下、安全衛生部門が取りまとめを行い、小集団活動の一環として実施します。各課・各係へトップダウンで行われることも多いです。時期は通年行う場合と、安全週間を中心に1カ月程度集中して行うケースがあります。

トップのキックオフ表明と、現場観察、事例発表、ヒヤリ・ハット表彰などが行われます。ヒヤリ・ハット報告書は現地・現物の視点で対策をまとめ、事例集としてノウハウを蓄積します。実際の活動では、個人の肌感覚が基本になります。したがって、自らの1日の行動で、通勤から作業開始、作業中、休憩中、帰宅まで身のまわりを細かく観察します。ヒヤリ・ハット報告には6Wと4Mの視点に加え、自らの体調なども記述しておくと有益です。

次に、ヒヤリ・ハット活動の経験がない場合、たとえば新規設備における細かな人の動作を規定した「想定ヒヤリ・ハット」への取り組みも重要です。こうした想定ヒヤリ・ハットの内容は、活動の質を端的に示します。さらに、「だろう判断」から「かもしれない判断」への移行を促します。ロボット停止中に、「動かないだろう」ではなく「動くかもしれない」と対応することは災害防止に貢献します。

要点BOX

- ●ヒヤリ・ハット情報を収集分析し、対策を行うことは災害防止の近道
- ●個人の肌感覚を鍛えよう

ヒヤリ・ハット報告書

工場	●●●	職種	▲▲	報告者	□□
発生日時	平成○○年　○月○日 △時　△分		報告日時	平成○○年　○月○日 △時　△分	
発生場所	3階から2階に下る階段の踊り場				
ヒヤリ・ハットの内容	□ 転倒 □ 転落 □ 激突 □ 飛来 □ 落下 □ 崩壊・倒壊 □ 激突され □ 巻き込まれ □ 挟まれ □ 切れ・こすれ □ 感電 □ その他（　　　）				
ヒヤリ・ハットしたときの状況・内容	・書類などを詰め込んだ段ボール箱を両手で抱えて階段を下っていた。踊り場から階下に向おうとした際に、下から駆け上がってきた人とぶつかりそうになった。		状況図		
ヒヤリ・ハットの原因・課題	・段ボール箱を両手で抱えていたため、足元が見えづらくなっていた。 ・足元が気になっていたため、駆け上がってくる人の靴音が聞こえなかった。				
起きる可能性があった事故	・激突して、転倒しケガをする恐れがあった。 ・階段から転落する恐れがあった。				
再発防止策	・ミラー代わりになる鉄板を踊り場に設置し、互いに姿が確認できるようにした。		改善図		

だろう判断→かもしれない判断

だろう判断		かもしれない判断
ロボットは動かないだろう	→	ロボットは動くかもしれない
荷物はあたらないだろう	→	荷物はあたるかもしれない
電流は遮断されるだろう	→	電流は遮断されないかもしれない
少しの作業なら切りくずも飛ばないだろう	→	少しの作業でも切りくずが飛ぶかもしれない

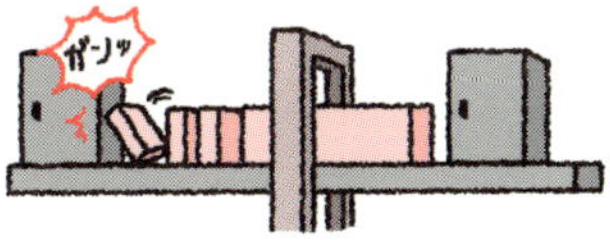
ガーンッ

ははは
想定内、想定内
すでに手は
打ってあるよ！

用語解説

ニアミス：航空機同士が異常接近し、接触事故を起こしそうになった状態を言う。安全衛生の視点では、事故に至らなかった人的エラーのことを指す

キックオフ：ビジネスシーンではプロジェクトの開始を意味する言葉です。キックオフミーティングではプロジェクトの意義や目的、目標、組織構成、スケジュールなどが示され、全員で徹底する

29 安全衛生提案で不安全箇所の掘り起こし

気になる動作を考えよう

安全衛生提案は、企業でのケガなどの災害を未然に防ぐため、関係者が現状の設備や素材、作業方法などの問題点を、見えにくいものまで顕在化し、さらに対策できるレベルまで見える化し、提案書にまとめて対策することです。実施した対策をノウハウにまとめて報告書とする場合もあります。

ケガなどの未然防止とともに、安全衛生意識を醸成するのが目的で実施します。常時行う場合と、作業環境条件が変化したとき、たとえば設備改善や材料変更、工法変更時に集中して行います。

設備や型、治具、工具、検具、パレット、梱包材料、運搬具、作業床、局所排気装置、空調機、暖房機などのハードウェアのほか、手順書や要領書の記載事項、マニュアルなども対象にします。さらに、安全教育の展開方法や安全教育用機材なども、現実に使っている設備に適合しているかを検討します。ヒヤリ・ハットは、実際に体感した細かな気づきが主対象です。一方の安全衛生提案は、より広範で技術的な問題を対象にする点に特徴があります。

提案された案件は安全衛生担当部署でまとめられ、保全・生産技術・品質管理・生産管理・教育訓練部門など製造部門以外にも対策が展開されます。必要に応じて予算請求を行い、プロジェクトで対応することもあり、安全衛生委員会で進捗を確認します。

実施上の留意事項としては、臨時で応援している他部門や他工場にも、この活動に加わってもらうことです。工場一丸となって実施します。提案のすべてに目を通し、具体的なコメントを付与します。有効性のみでなく、横展開性や実施の容易性、経済性、独創性なども考慮します。優秀な事案は経営トップが表彰し、これらの積み重ねは人事考課に反映されることになります。現場最前線の神経が研ぎ澄まされる仕掛けは安全対策の基本です。

要点BOX

- ●対象は4M要素のすべて
- ●正従業員のみならず、作業者全員に参加・協力してもらい、ケガの未然防止に役立てる

全員参加の安全衛生提案

工場	●●●	職種	▲▲	報告者	□□
テーマ					
提案理由 （背景·目的）					
提案内容			概況図		
再発防止策			概況図		
実施時期	予定している場合	開始予定日		完了予定日	
	完了している場合	開始日		完了日	
他部署への展開			議長 確認		

安全衛生提案の流れ

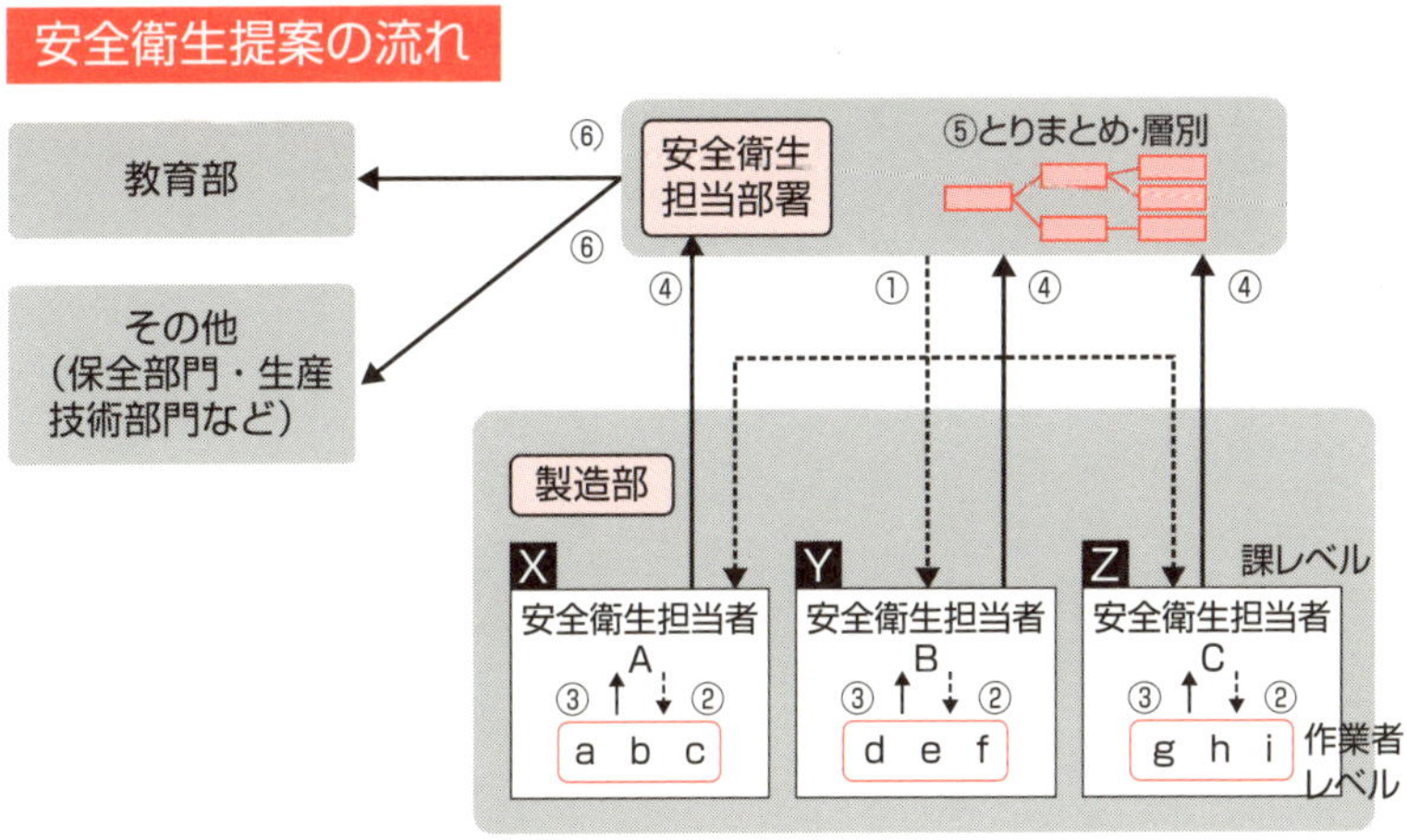

用語解説

見える化：トヨタ自動車で生まれた言葉で、工場現場の状況をわかりやすく表現・表示すること。潜在する問題点を顕在化し、対策につなげる目的がある

プロジェクト：新製品開発など比較的大きな目標を達成するために、成果や期間、予算などが設定され、関連部署から組織メンバーが集められる統合業務

30 作業しやすいか、使いやすいか、ミスしにくいか

ちょっとした手・指の動きに着目

飛来などの外部から危険物が飛んでくるような場合を除き、日頃作業を行っている身のまわりの環境を、次の視点で見直してみることが重要です。

①作業しやすいか

まずは工程に無理がないかを考えます。たとえば、組立作業において鉄板性の筐体に電気部品を組み込む場合に、組立順によっては手が届きにくく、筐体の鉄板切断部に手を滑らせ、切創するケガの発生が危惧されます。部品の組立順を変更すること、または少しの設計変更による部品変更で、その危険性が回避できることがあります。筐体の構造を変更し手指が入りやすくすることも考えられます。

次に、作業場のレイアウトに無理がないかを見ます。ムダな動作の排除や歩行距離を短くするため、適正な設備レイアウトや工具設置位置を決めますが、狭過ぎると腕や手、指の打撲や擦過などでケガをします。

②使いやすいか

設備や型、治具などの取り扱い時に注意します。たとえば、運搬時に手で把持するところがない、把持するハンドルが不適でスリップしやすい、工具が重くて重心が偏り、作業時にバランスが取りにくい、などのときはケガをする場合があります。

③ミスしにくいか

機械装置には多くの操作ボタンが備えてあります。簡単なユニットでも類似のボタンが隣接しています。このとき、誤って隣のボタンを押すことで逆の動きをする場合があり、想像とは違う動きでケガをする懸念があります。また、似た素材形状の部品を間違えて機械に取り付け、動作させたことで素材と型、刃物が干渉して折損し、ケガをする心配があります。

人はミスを起こす生き物です。ケガの発生は、日頃の何気ない潜在的な不具合が影響しています。

要点BOX

- ●作業時の動作の安定さやスムーズな動き、余分な気遣いの洗い出しが必要
- ●いつもと違うとき、人はミスを起こす

筐体への組付作業のしにくさ

操作ボタンの種類や配列によるミスのしやすさ

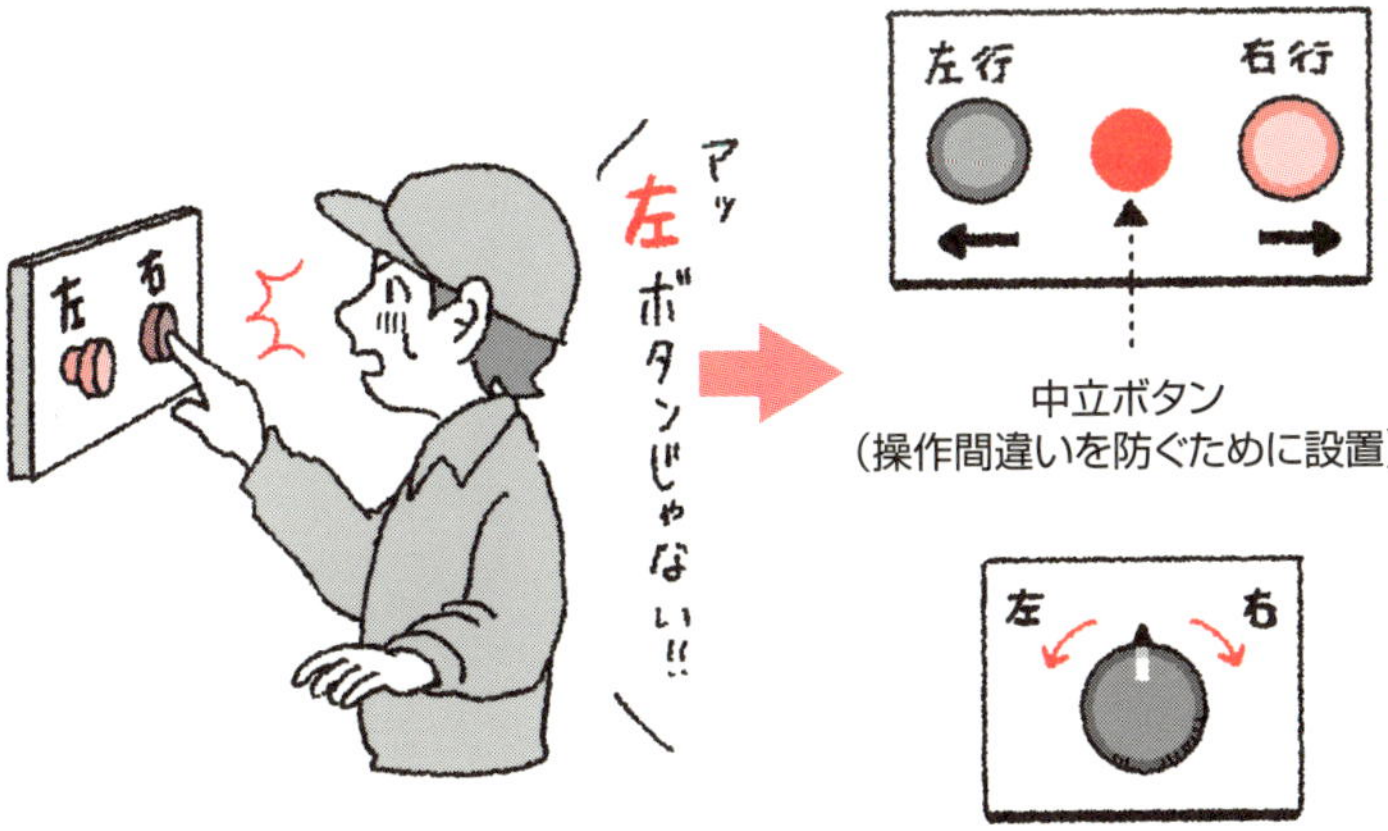

用語解説

飛来：安全管理上の言葉では、飛んでくるものが人に当たってケガをする場合に使う。回転中の研削砥石が破損して破片が飛来したり、切削加工時に切りくずが飛来したりする

筐体：機械部品や電気部品を収めている箱のこと。主に鉄板や樹脂でつくられている

31 定常・非定常作業のケガ発生理由の違い

臨機応変な対応でカバー

定常作業とは、一般的には毎日の作業内容や作業順序がほぼ同じで、定められた時間内に定量的な成果指標を求められる作業のことです。決められた作業標準に基づき、決められた品質と量を安全につくるために、作業習熟の向上が望まれます。自動車や家電製品のような量産ラインでの作業が代表的です。

一方、非定常作業とは、作業内容や作業順序がその都度異なる作業を言います。たとえば、機械故障時や設備改善時の保全マンの作業が代表的です。一人で作業を行う場合と、複数人で作業を行う場合があり、屋外や夜間での作業もあります。機械技術だけでなく電気や化学の知識も問われ、切削や溶接、仕上げ調整、電気配線技能なども要求されます。さらに、関係者との調整力やチームワークも重要です。

そんな非定常作業では、ケガの発生が多いと言われています。設備故障などによる早期復旧要望により、作業の時間的余裕が少ないことが理由です。ほかにも、突発故障時などでは事前に作業準備ができないことが多い、作業環境が厳しいことが多い（狭い作業空間・高所作業・地下作業・腹這いなど作業姿勢・温熱・寒冷など）点も見過ごせません。非定常作業は繰り返し性がないためマニュアルの作成が難しく、復旧には多様かつ高度な工具、測定具、運搬具の取り回しが必要です。故障破損した設備は概して危険な状態にあります。

保全作業の留意事項には、①設備機械は必ず止める（止めてはいけない設備を明確にする）、②自重による落下物を排除する、③残留エネルギーを開放する、④引っかかりなどによる原点復帰エネルギーを解除する、⑤プログラムエラーによる誤動作に留意する、⑥制御盤の高圧電源部の活線に留意する、⑦安全装置の損傷を確認する、があります。

要点BOX

- 非定常作業は多くの作業条件が未確定
- 安全に関するマルチスキルが問われる
- 高度な熟練作業やリーダー力を要求

非定常作業、特に保全作業の作業環境

- （1）時間 → 早期復旧が求められ、時間的余裕が少ない
- （2）準備 → 故障が突発的な場合、準備ができていない
- （3）作業環境 → 作業空間が狭い、高所での作業など厳しいことも多い
- （4）道具 → 多様かつ高度なものが必要となることがある
- （5）設備 → 故障破損しており、設備そのものが危険な状態である
- （6）コミュニケーション → 複数人が関わる場合は連携・コミュニケーションが必要である
- （7）作業マニュアル → 毎回、対応が異なるためマニュアルの作成が難しい

非定常作業の留意事項

1. 設備機械を停止
2. 自重による落下物を確認排除
3. 残留エネルギーを開放
4. 原点復帰エネルギーを解除
5. プログラムエラーによる誤動作
6. 制御盤の高圧電源部および1次側電源の活線
7. 安全装置の破損などを確認

用語解説

作業習熟：作業に慣れてくると動作にムダな動きがなくなり、次の動作への移行がスムースになることで、作業時間が短縮できる。このとき、安全配慮動作を忘れてはならない

活線：電気が現在通っている送電線や配電線を言う。活線作業は電気が通っている状態で補修作業などを行うことだが、電気を止めないメリットはあるものの、作業者の感電のリスクは残されている

32 引っかかり・付着・詰まりの多発

意外な大ケガのもと

ケガの原因をよく見ると、「こんなことで！」というように、常に生じている軽微と思われる不具合が礎で発生する場合が多いです。材料に付加価値をつける加工工程ではなく、次工程への搬送や加工でできたスクラップの排出時に起こる、「引っかかり」や「詰まり」のことです。

引っかかりは、製品形状による場合が大半です。たとえばプレス品の場合、製品形状に鋭利な部分があると、その部分が搬送機のガイドなど製品接触部に引っかかることがあります。また、厚板プレス品では切断面にバリが発生すると、そのバリが鋭利部として作用し、引っかかりを起こします。

また付着は、食品など粘性のある製品を搬送する際に、搬送部に固着することを言います。つまり、引っかかりや付着が多数重なってくると、排出部で詰まりが発生するのです。

詰まると、製品そのものの加工ができなくなり、生産ストップになります。プレス加工時のスクラップが排出口で詰まった場合は、金型が破損することもあります。そのような際、搬送物が軽いときは、引っかかったモノや付着物を手で搬送部から取りはずします。このとき、プレス製品が搬送機ガイドなどに噛み込んでいる場合は、容易にはずせず、把持している手が滑って製品の鋭利部やバリで切創災害を受けることがあります。また粘性のある製品では、たとえば搬送ベルトと回転ローラー部に巻き込まれる災害も見られます。

このような付帯設備の軽微な不具合（チョコ停と呼ばれる）を軽んじていると、大きな災害に結びつくことがあります。大事なことは、搬送機のような付帯設備・装置やスクラップなどの排出工程でも、流れを重視し、チョコ停を起こす原因を調査し、製品と設備の両面から対策することで、災害の発生を防ぐことができるのです。

要点BOX

- 引っかかりや付着が増えると詰まる
- ガスなどの配管が詰まると爆発事故を招く
- 引っかかりや付着は大きな事故の根元

引っかかり、付着の例

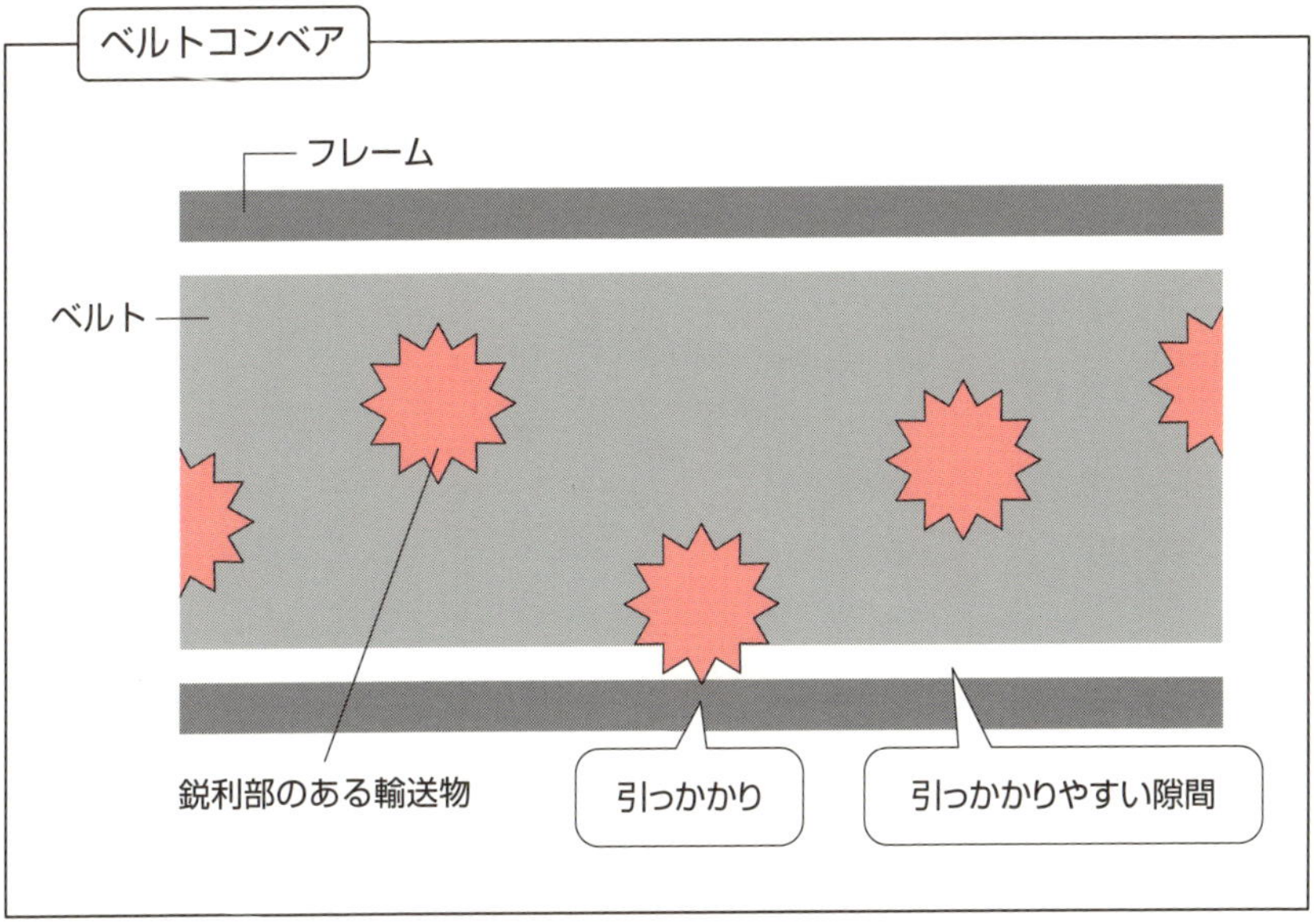

詰まりによる爆発

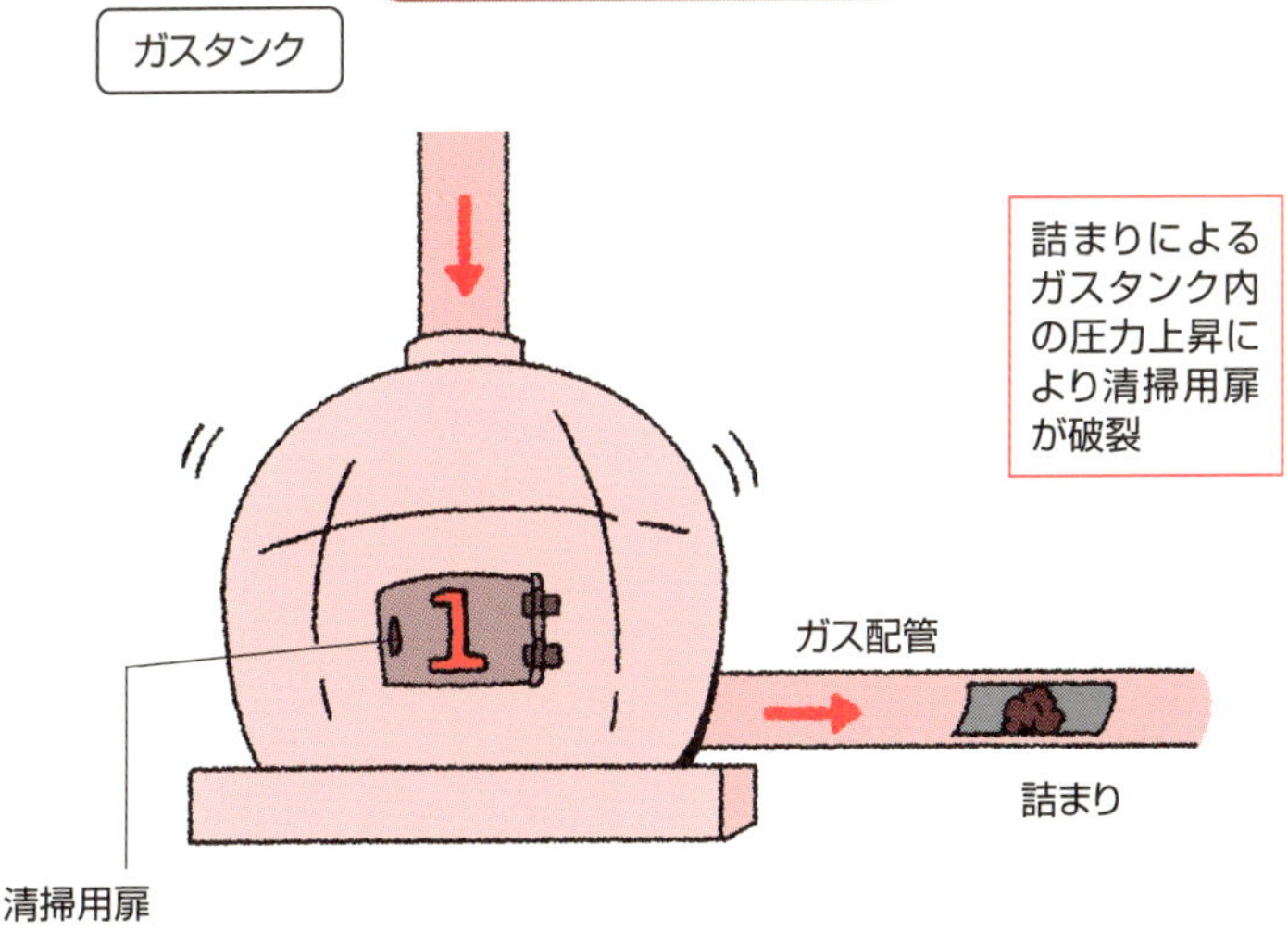

用語解説

スクラップ：金属製品の製造工程（たとえば鋼板のプレス工程）で発生する端材や、金属製品の廃棄材（たとえば自動車の廃棄ボディ）を言う。これらは有価物としてリサイクルされる

バリ：材料を切削、研削、切断したときに端面に生じる突起物のこと。測定不良や位置決め不良、組付不良の原因となるほか、指の切創などケガの原因になる

33 つなぎの安全Ⅰ（作業・組織のつなぎ）

つなぎの上手さが安全に効く

それまで加工していた製品の必要数が終了し、別の製品を加工するとき、段取り替えをします。プレス加工では金型や材料、ハンドリング用治具を用意し、切削加工では刃物のほか各種加工条件の設定変更や、場合によっては作業職場のレイアウト変更（搬送用コンベアなど）を行うことがあります。

このとき、鋭利な部分、たとえばプレス用鋼板やドリルなどの刃物に接触したり、大型フライス盤用刃物などの把持ミスで落下したり、小型設備で人手による重量物移動により、手指の切創や足指の打撲、腰痛などを起こしたりする危険があります。

一般の工場では、このように加工する製品を別の製品に変更し、作業をつないで行きます。この「つなぐ」作業を行う際にケガは起きやすいのです。

ケガの発生を防ぐには、鋭利部に取りはずしが容易な小さなカバーを設置するほか、持ち運び容易なハンドリング治具を考案するなどが必要です。移動が容易な把持部の取り付けや、床面に対応した材質のストッパー付車輪設置も対策の1つです。

一方、調達・倉庫担当から材料の受け渡しや加工で発生したスクラップ・廃油、パレットの返却などを行う際、異なる組織間での不十分な作業連絡が、ケガを発生させることがあります。材料受け入れ時やホイスト・フォークリフト運転時、破損した木製板パレットの取扱時に、作業範囲や荷姿、条件などを明確にする必要があります。

設備の修理保全を外注している場合は、設備状態や必要図面、書類などの基礎情報を提供しなければなりません。電源・エアー源の供給状況や自動化装置・付帯設備の状況、可燃物や廃液の状況などを事前に確認し、説明します。特に電源を入れた際は、急に動作して体に接触し打撲を受けるほか、点検中に急にエアーが噴出して眼を受傷することもあります。

要点BOX

- 作業のつなぎは製品別に生産をつなぐこと
- 組織のつなぎは部署別に情報をつなぐこと
- 両者を淀みなくつなぐことが安全に影響

作業のつなぎの概念

材料・製品	**(変更あり)**・変更なし
設備	**(変更あり)**・変更なし
人	変更あり・**(変更なし)**
作業	**(変更あり)**・変更なし

A作業からB作業へのつなぎ時

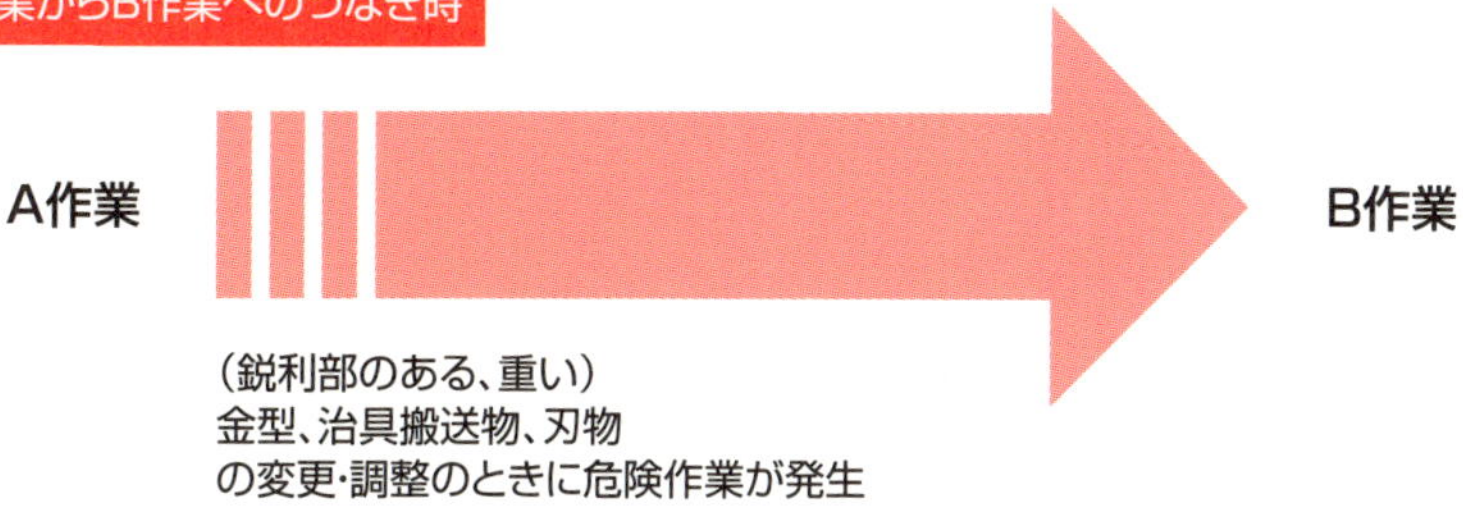
A作業
B作業
（鋭利部のある、重い）
金型、治具搬送物、刃物
の変更・調整のときに危険作業が発生

組織のつなぎの概念

材料・製品	変更あり・**(変更なし)**
設備	**(変更あり)**・変更なし
人	**(変更あり)**・変更なし
作業	変更あり・**(変更なし)**

X会社からY会社へのつなぎ時

X会社
Y会社
一部破損した木製の板パレットの取り扱いなど
のときに危険状態が発生

用語解説

パレット：運搬・保管を容易化にするための平面状の荷台。フォークリフトなどの爪を挿入する開口部が設けてある。材質は木製、合成樹脂製、金属製、紙（ダンボール）製が主。寸法はJISにより規格化されている

廃液:使用した後の廃棄される液体。工場では各種の化学薬品や洗浄液などを使用する。使用後の廃液を分離、ろ過、凝集して適正に処理する

34

つなぎの安全Ⅱ（自動化設備・人のつなぎ）

安全を高める連携とは

付加価値をつける加工設備の周辺に、素材の搬入・搬出設備、スクラップ搬送設備などが設置されることが多くあります。これらの設備がそれぞれ独立して動作する場合は、作業者も各設備の動作を比較的理解しやすいはずです。ところが、これらの設備が電気的に接続され集中制御されていると、思わぬ災害を起こすことがあります。

たとえば、プレス機械と製品搬出用コンベアが自動運転化されているとき、プレス機械の始動ボタンを押すとプレス機械の運転準備が可能となり、コンベア装置も動きます。このとき、他の運搬作業者がコンベア付近にいた場合、不意のコンベア動作により巻き込まれなどの災害発生が考えられます。

その対処としては、起動開始ブザーやコンベア回転部分に局所カバーを設置し、災害防止を図ります。もちろん、プレス機械に各種安全装置が取り付けられていることは前提です。製品搬出には、コンベアのほか簡易的なアンローダーや、複雑な動きをする6軸多関節ロボットの設置も考えられます。その際は、ロボットとプレス機械との動作条件を明確にし、一体設備として電気制御回路を考えることと、防護用安全柵や安全プラグの設置が必須です。

そして、人のつなぎにも留意したいところです。多くの作業ができる多能工や優れた技能を持った技能士などの作業者は、作業途中に他の作業に代わる場合があります。その場合、現在行っていた作業を別の人に交代しなければなりません。

そのとき、作業進捗だけでなく、現在の設備の動作状況や停止ポジション、中間停止、電源断状態、待機状態、付帯設備の連動状態などを明確に伝えることが重要です。作業経験の少ない人のみならず、ベテラン作業者にも確実に伝えることが欠かせません。簡単な伝達メモを用意しておくと、伝達忘れの回避や気になる特記事項の連絡も可能です。

要点BOX

- ●複数設備間の自動化の守備範囲に着目する
- ●作業者が作業途中で代わる場合に細かな情報のつなぎが重要になる

自動化設備のつなぎの概念

材料·製品	変更あり ・ **変更なし**
設備	**変更あり** ・ 変更なし
人	変更あり ・ **変更なし**
作業	変更あり ・ **変更なし**

異なるメーカーの設備機械のつなぎ時

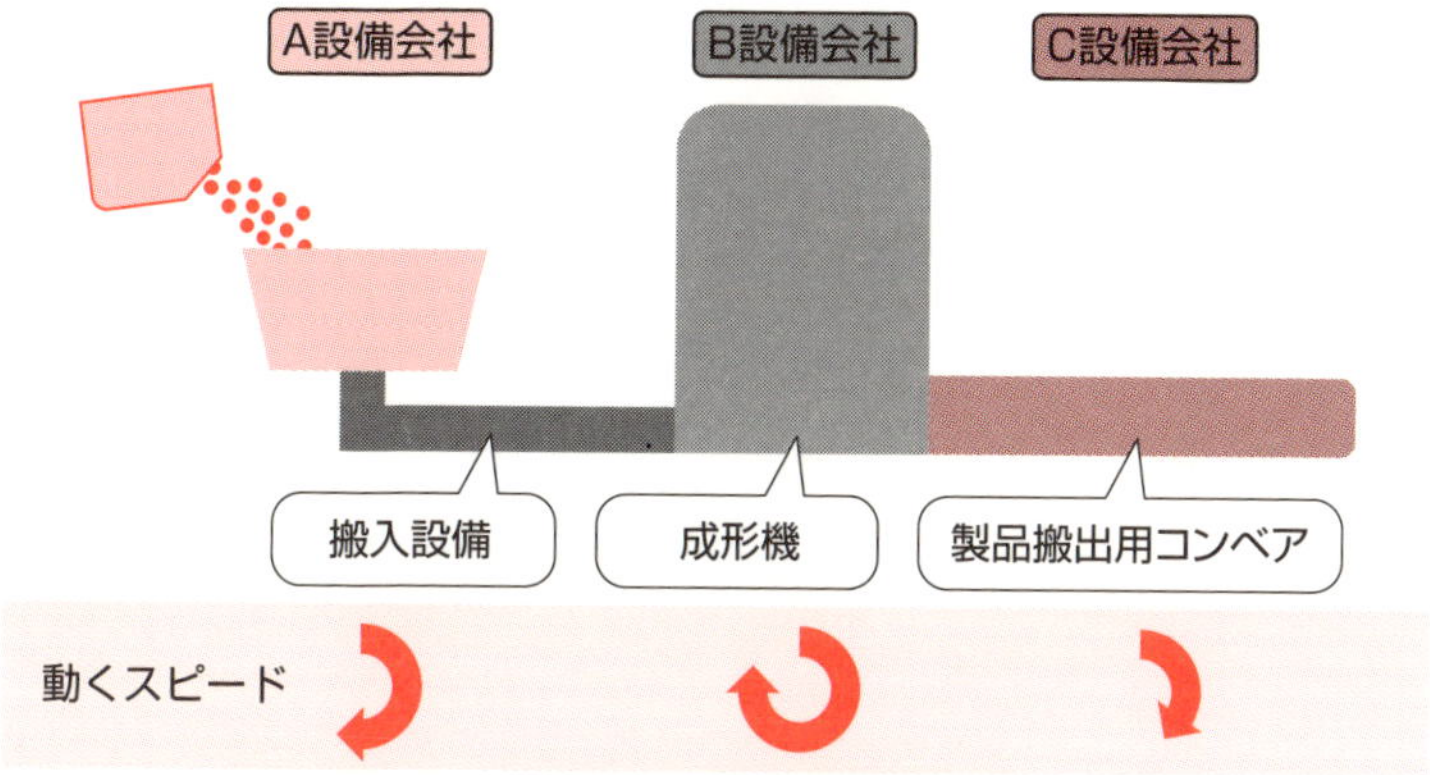

各設備のスピードが異なる場合に危険な状態が発生する

人のつなぎの概念

材料·製品	変更あり ・ **変更なし**
設備	変更あり ・ **変更なし**
人	**変更あり** ・ 変更なし
作業	変更あり ・ **変更なし**

A作業者からB作業者へのつなぎ時

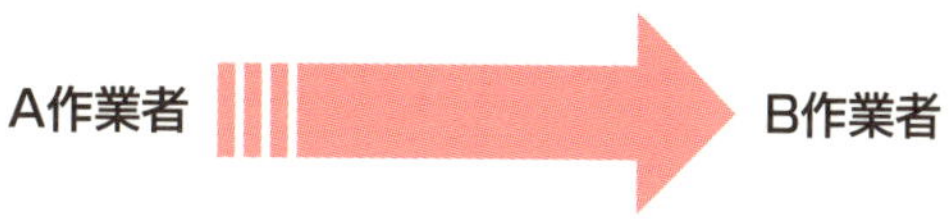

作業途中で作業者が交代する場合

設備や作業の進捗状況を伝えていない
場合に不安全状態·不安全作業が発生

用語解説

多能工：1人の作業者が1つの工程のみを作業できる人を単能工と呼び、複数工程の作業ができる人を多能工と言う。単能工のみで多工程の作業を行うと、工程数分の作業者が必要になり、生産数が減少すると手待ちになる。多能工であれば、他部門の応援などで人数を適正にできる

技能士：働く上で必要な技能の習得レベルを評価する技能検定の試験に合格した人が名乗れる。特級・1級・2級・3級などがあり、受験には一定の経験年数が必要

Column

トヨタの安全組織はこう変わってきた

トヨタの安全組織の歴史的変遷を見てみましょう。1948年に安全衛生課が発足し、1963年には安全衛生管理室として独立しています。これが1996年に安全衛生推進部に改称し、2006年になって安全健康推進部に再改称しました。

現在の業務分掌は、安全（職場のケガ）・衛生（職業性疾病）と健康の大きく2つで構成されています。安全・衛生は防止的な側面が感じられますが、もう一方の健康は積極的な健康維持増進を図るプラス面を強調しているように思われます。

健康維持などの活動は、結果的にケガや疾病の防止に対して有効です。この間に、「タグアウトオーダー制度」や「安全の誓い」「作業姿勢・重量物取扱作業の改善」「場面行動災害防止」「人の機能区分による作業改善」「作業条件測定実施要領（腰痛上肢痛）」「トヨタ式機能評価法」「安全設計検討会」「STOP6活動」などの重点注力テーマが生まれました。ほかにも、「安全の碑」「エルゴ委員会」「設備ロックアウトシステム」「安全文化構築活動」「全社安全現地現物活動」などを主要キーワードとして取り組みを進めています。

一方、健康活動については、「専門医生活指導会」「ストレッチ職場体操」「メンタルヘルスケアリーダー養成」「ヘルスチェックシステム」「異動昇格者健康フォロー」「ミールチェックシステム」「行動変容プログラム」「健康BIP2活動」「BDI問診」「新健康管理システム（Newmans）」を展開してきました。これらにより、従業員の安全・衛生・健康増進が着実に図られてきたのです。

『トヨタ自動車健康宣言』

～健康第一の会社を目指して～

「バッターボックスに立ち続けるには

健康な心と体づくりから」

社長　豊田章男

従業員の心身の健康は「良い仕事をするための原動力」であり、トヨタは従業員一人ひとりの「よりよい生活習慣改善へのチャレンジ」を積極的に支援し「健康増進・疾病予防活動」に取り組みます。

第5章

安全の7つ道具を使いこなす

35 安全衛生用保護具を知ろう

保護具は安全衛生確保の最後の砦

体の各部向けに安全衛生用保護具が用意されていますが、最も主要なものは頭部用です。保護具としては、産業用保護帽（作業用ヘルメット）が一般的です。落下物や飛来物から頭部への衝撃を保護するためです。規定の国家検定を通ったものを言い、検定合格として労・検ラベルが貼られています。

国家検定としては飛来落下用・墜落時保護用・電気用が用意されています。また労働安全衛生法には保護帽着用規定があり、規定作業時に使用者は作業者に対して保護帽を着用させなければなりません。着用時の留意点は、ヘッドバンドは自分の頭に合うよう調節する、後ろ被りではなく真っ直ぐに被る、顎紐はしっかり締める、清潔に保つ、があります。

次に眼については、ゴーグルや保護めがね、遮光面が主な保護具です。溶接時の高輝度光や溶接ヒューム、高熱などから目を保護するものです。また、鼻の保護具は防塵マスクや防毒マスクなどで、たとえば鋳造工場での粉塵防護用、塗装作業時の塗料ミスト防護用などがあります。耳の保護具は、プレス・鍛造などの騒音作業時に用いる耳栓やイヤーマフがあります。このほか、溶接時の紫外線による日焼けも含め顔全体を保護する防護具もあります。

手や指は、各種手袋で対応します。耐寒、耐熱、耐薬品、防振、防切創、電気用などで適宜選んでいます。また、作業衣は作業環境に適した素材や構造を選ぶ必要があります。一般的な留意点は首まわり、袖口、足首からの異物侵入に対応したもので、作業性を考慮した密着性が大切です。

最後に足については安全靴が中心で、重量落下対応用、耐熱用、溶接用、耐水、耐油、静電気用、水現場用があります。ＪＩＳ規格で材質や強度などが定められ、これを満たしたものが安全靴と呼ばれます。作業内容や作業環境に沿った着用が定められています。

要点BOX

- ●作業内容や作業環境に適した保護具を着用
- ●正しい着用方法をしないと期待した効果が得られない

各種の保護具

保護具の着用図

用語解説

労・検ラベル：厚生労働省の形式認定に合格した保護帽に貼られる。ラベルには検定取得（更新）年月、検定番号、製造会社、製造日、使用区分、帽体材質、その他JIS規格などが記載される

保護帽着用規定：労働安全衛生規則により、2m以上の高所作業、物体の飛来のおそれのある場合、足場の組立作業、高圧低圧活線作業などで着用が規定されている

36 防護・安全装置を知ろう

誤った動作をしたときの歯止めとなる

防護・安全装置は、機械を操作する作業者が誤って操作したときなど、機械の動作により災害を受けることを避けるための装置を言います。設備の動作部分に人体の一部が入ったり接触したりして災害を受けるので、基本的対策は設備と人を隔てることと、危険範囲に入ったら設備を停止させることです。

防護装置の主なものに安全カバーがあります。旋盤のような回転する素材に、バイトで切削するときは鋭利で高温な切りくずが飛散し、ケガをすることが考えられます。そこで、切りくずや油剤の飛散を遮断する安全カバーの設置が有効です。このとき、カバーの設置位置や大きさ、種類を、切りくずの飛散方向や油剤量を考慮し、視認性を確保して決めます。

次に安全柵については、複数の設備がライン状に設置されている場合、たとえば大型プレスラインや6軸多関節ロボットセルなどに適用します。稼働範囲に人が入れないよう安全柵を設置するのです。安全柵には、人や身体の一部が入らないメッシュ構造や、乗り越えられない高さ、安全柵によって内部の視認性を妨げない構造、塗色と適正な強度を持たせることが重要です。このほかに仲介具があります。クレーンなどの運搬時に、金型にワイヤー掛けする玉掛け作業など、直接金型を触らず棒状のデレッキなどの仲介具を使用することも有効です。

一方、安全装置には2つのタイプがあります。1つは動作停止型で、加工部位を密閉できない、たとえば小型のプレス機械で取り付ける光線式安全装置に代表されます。スライド下降時にスライド下降時に手を入れると、光線を遮断するのでプレス機械の作動を止めます。

もう1つが両手動作型です。片手で起動できると、遊び手が生まれます。そこで遊び手をつくらないように両手操作ボタンを採用したものです。

要点BOX

- ●主要な防護装置は安全カバー、安全柵、仲介具
- ●安全装置の主なタイプには動作停止型、両手動作型がある

防護装置（ロボットの安全柵）

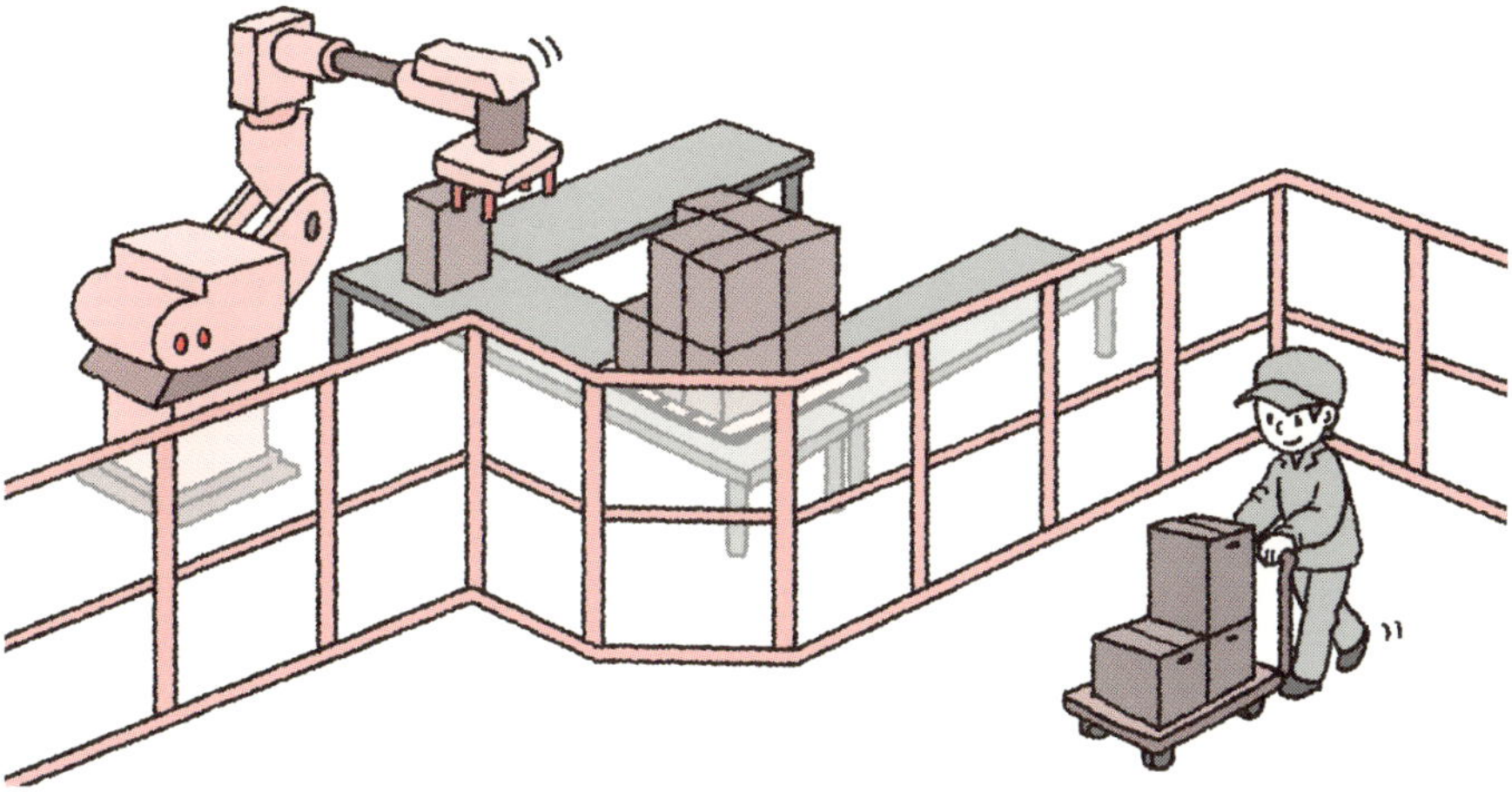

防護装置（プレス機械の光線式安全装置）

手を入れると
機械が停止
ピタッ
光線式安全装置

用語解説

6軸多関節ロボット：産業用ロボットには垂直多関節と水平多関節があり、6軸多関節は垂直型であり手先の動きが再現できる。人の腕に似ているため、人の作業の代わりが可能。溶接、塗装、組立作業に適している

デレツキ：もともとは、石炭ストーブ用の燃え殻掻き出し用道具で、棒の先がL字状に曲がり、火格子に引っかけて動かすのに使う。工場では高温物を入れた容器の移動補助具、重量物移動の補助道具として使用する

37 安全測定具、安全作業具を知ろう

作業開始前の安全状況をチェック

作業を始める前に、設備が安全な状態であるかを知るための測定器や、安全な作業が行える作業具を活用することが大切です。

安全測定器は、温度や粉塵濃度など安全度の測定を行う道具です。たとえば検電器は、電気工事や保全作業時に感電を防ぐため、電気が流れているかを確認するために使います。主な扱い方の留意点は、①検電器の破損や電池切れなどの事前点検、②高電圧下では感電防止手袋・靴の着用、③低圧用検電器で高圧を検電禁止、④雨天での屋外使用回避、⑤雷や遮断器の開閉時には使用回避、などがあります。

一方、安全作業具は作業時に使用する安全に留意した道具・備品のことです。

エネルギー遮断用カーテンや衝立、隔壁、パーティションは、発生源から作業者に伝わる空間で遮断・吸収する素材でつくられています。騒音や溶接光、高熱に対して、一時的・簡易的に用いられます。騒音では、騒音を構成する周波数に対応できるグラスウールやロックウールなどを選定します。

脚立やはしご、踏み台も安全作業具の1つです。特に高所作業で体のバランスを崩したり、足場が悪い所に設置したり、取扱が悪いなどで転落・転倒などが発生します。脚立の扱い方の留意点は、天板に乗らない、座らないが第一です。開き止めロックをして使用するほか、アルミ製は電気を通すので運搬時には電線への接触に注意すべきです。はしごとして使う場合の角度は約75°とし、同時に2人以上乗らない、滑らない靴を着用する、バランスを崩さないように荷物は持って上がらない、を守ります。

このほか過負荷防止装置、感電防止用漏電遮断器があり、特に水濡れ場所や屋外、鉄骨作業場でコードリールは必須の機能です。発熱に留意すべきです。

要点BOX

- ●作業対象や作業環境の安全性を確認する
- ●安全な作業具を用いる
- ●作業環境の変化にも留意する

主な安全測定器

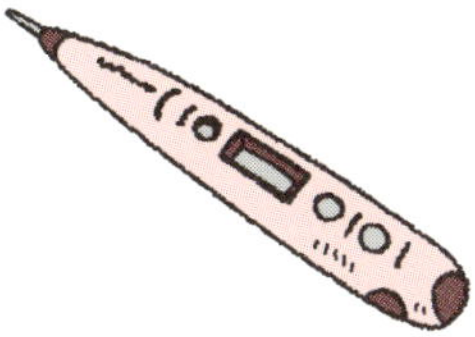

検電器

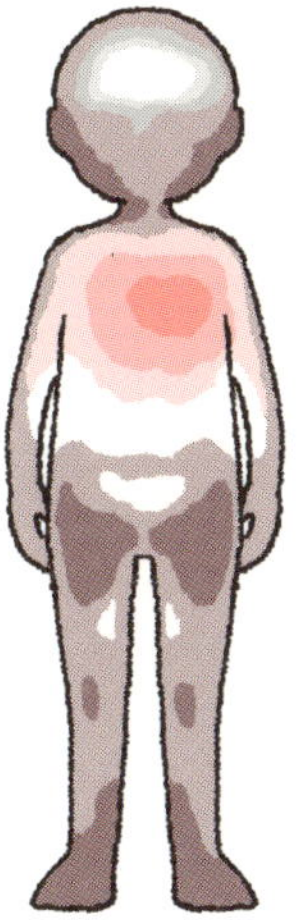

サーモグラフィー

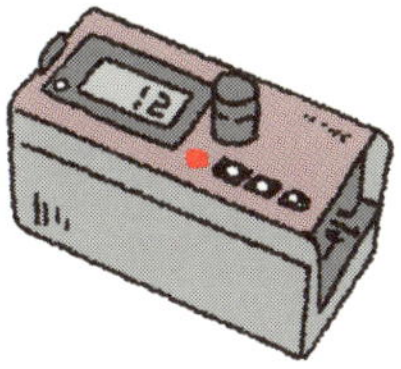

粉塵濃度計

主な安全作業具

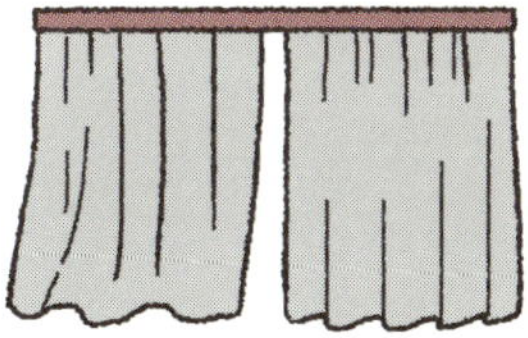

エネルギー（光・熱など）遮断カーテン

天板のない脚立

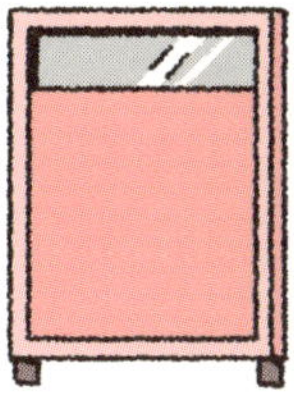

エネルギー（音など）遮断衝立

滑り止めはしご

漏電ブレーカー付コードリール

用語解説

感電防止用手袋：高電圧・低電圧用がある。滑り止め（エンボスなど）加工されたもの、通気性、透湿性に優れたもの、洗濯後の乾きの良いものなどがあり、材質はゴム製、革製などがある

過負荷防止装置：決められた過重以上の負荷がかかると動作を停止する装置。移動式クレーンやプレス機械、コンベアなどに付設される

38 安全標識・安全ラベルを知ろう

安全啓蒙、危険警告などの目的で表示

安全標識は、工場の安全を確保するための標識です。危険物や危険場所の表示により注意を促し、災害防止に役立てるものです。わかりやすく、目立ちやすい色や形の9種類がJISで規定されています。

主な色の組合せは、①禁止標識＝赤＋白、②警告標識＝黄＋黒、③救護標識＝緑＋白、④放射能標識＝赤紫＋黄となっています。蛍光塗料や反射板式のものもあります。

また、安全ラベルは禁止・警告指示をISO3864、およびJIS S0101、GB2894、Z9101に基づき、三角形や赤丸＋斜線、青丸形状に記したもので、高温部・感電部・巻き込まれ部などを表現します。設備に直接貼り付けられるサイズが多用されています。このほか、表示札や杭も注意喚起する道具の1つです。配管の種類を表示するアクリル製表示札と、流体配管バルブの開閉札、埋設配管の標示杭などが安全確保に役立っています。

一方、作業者の着衣につける表示として、安全腕章・胸章があります。安全管理者や安全パトロール者、各種設備の運転資格者を表します。布製やビニール製が多く、食品工場では作業衣止め用安全ピンがない伸縮性のある腕章が適します。またカード紙を差し込みできる腕章もあり、カードを交換することで多数の目的に使用できます。

安全反射ベストは、夜間の屋外軽作業やパトロールに有効です。軽くて通風性が良いメッシュ生地が扱いやすいです。ヘルメット用ステッカーには所属や氏名のほか、血液型や所持資格、職位を示すテープ、緑十字標、業務名などが表記されています。

また、安全帯は表示物ではありませんが、高所作業時に落下防止用のロープとフック、体を保持するベルトで構成され、高さ2m以上の作業場で足場が設置できないときに着用します。

要点BOX

- ●安全標識、安全ラベル、安全表示札、安全着衣および着衣表示が無意識に安全を働きかけている
- ●わかりやすく目立つように表示

主な安全標識

標識の種類	基本形の例	標識の例	標識の例
禁止標識			
警告標識	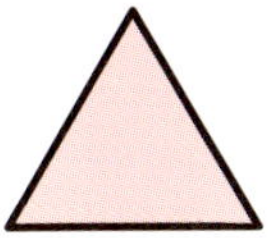		
救護標識	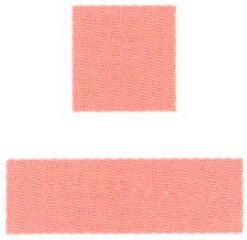		
放射能標識	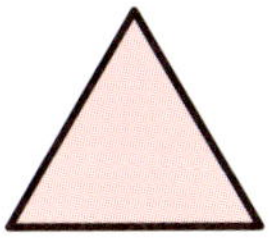		

着衣への安全表示の例

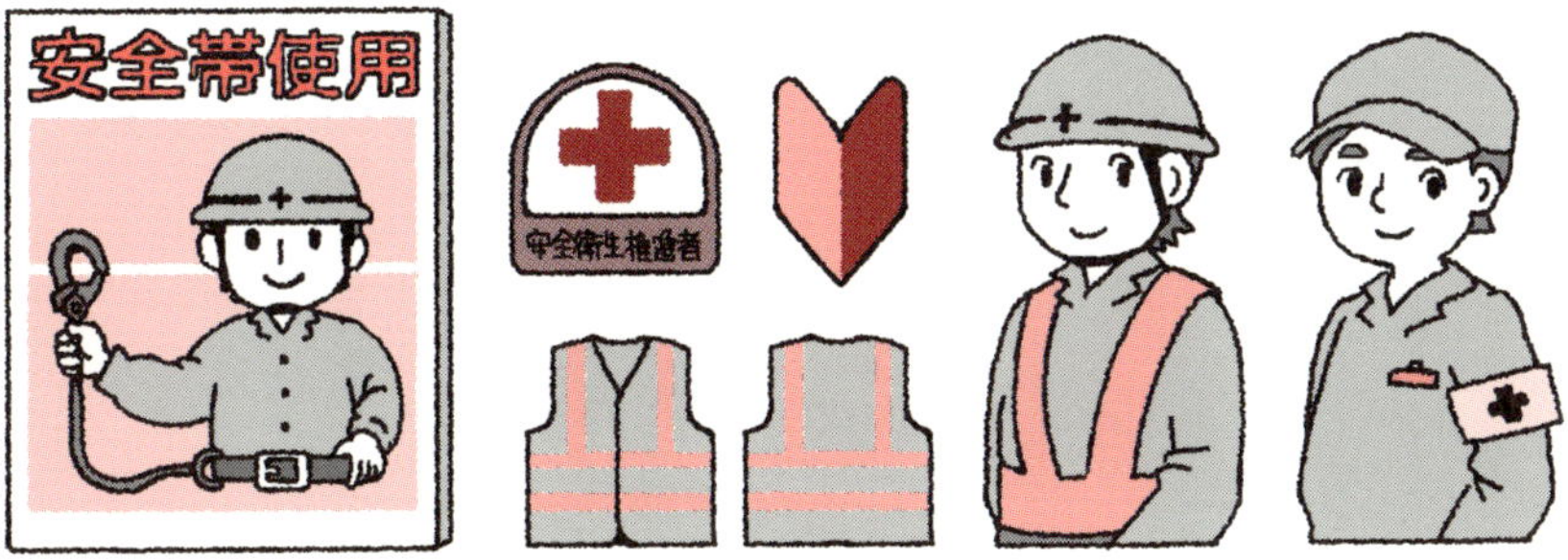

用語解説

蛍光塗料：バリウムやストロンチウム、亜鉛など硫化物の蛍光顔料を配合した塗料。紫外線が照射されると蛍光を発生する

緑十字：安全の父と言われる蒲生敏文が、赤十字を参考に全国安全週間のシンボルとして提案し採用され、JISでは安全標識として規定している

39 安全管理板を正しく使おう

管理板を見れば工場の安全意識がわかる

安全管理板は、一般的には工場単位で管理されることが多いようです。工場での労働災害の発生を防ぐために、安全担当部署だけでなく全員が自工場の安全の現状を理解し、問題点を顕在化し、組織的に改善を行うことを目的とします。安全管理板は大きく以下の3種類に分かれます。

①安全の塔表示板

主に工場内の入り口付近に設置されます。緑十字とともに、災害発生件数や無災害継続日数を表示し、工場長の安全に対する決意を端的に示した言葉も添えます。それらを塔や門の形状に仕立てて、啓蒙力を向上させている工場もあります。

②工場安全管理板

工場長の安全ミッションやポリシー、目標などを冒頭に示し、工場全体・部署別の安全管理組織や災害発生件数（休業災害、不休災害、赤チン災害など）を図表で示します。最近の災害事例と改善事例やその横展開、標準化例を写真や図で紹介します。管理板の横には改善した現物や標準化シート、帳票を置くこともあります。安全関連資格や免許取得者の写真、安全教育の予定や結果もあわせて表示します。管理板の前で月1回程度の安全ミーティングを行うことは非常に有効です。

③工事安全管理板

専門保全担当者や作業者が、自主保全時に設備近傍の安全な位置に工事安全管理板を設置します。一般作業者にも点検修理することを明確にし、該当設備だけでなく床上の保護された電源ケーブルや高所作業に留意し、近づかないよう表示します。管理板には工事担当部署、工事期間、保全作業許可証、作業者名と主な工事内容、留意事項を示します。それらを記した帳票を、ビニールシートで製作された管理用ポケットに納める様式が多用されています。外部業者に依頼するときも同様にします。

要点BOX

- 安全意識を向上するのが第一目的
- 工場の現況を隠さず伝える安全管理板
- 自主保全時に活用する工事安全管理板

安全の塔

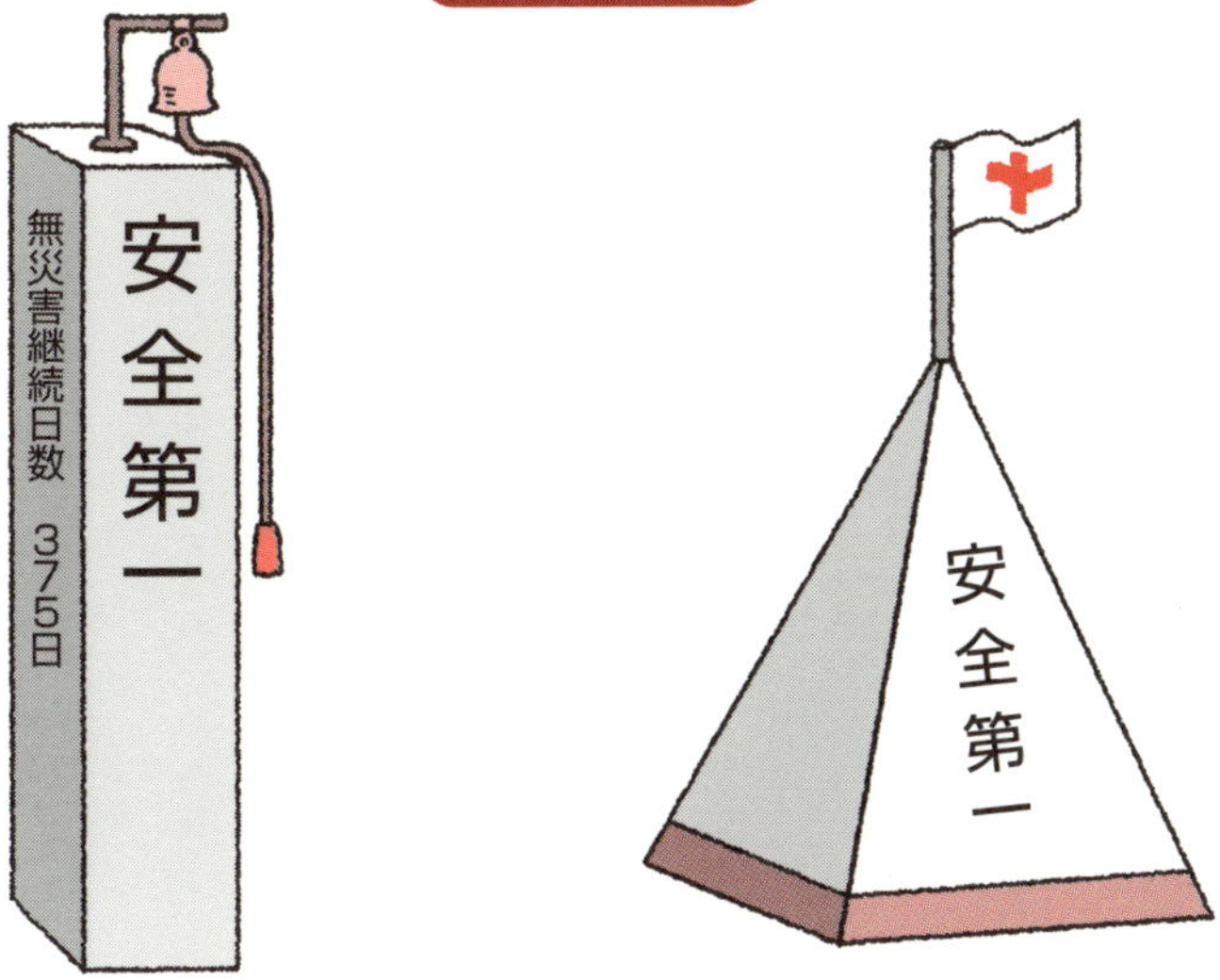

工場安全管理板

用語解説

安全関連資格・免許：労働安全衛生法による主な免許は、衛生管理者・ボイラー技師・高圧室内作業主任者・ガス溶接作業主任者・特定第I種圧力容器取扱作業主任者など

技能講習による資格：作業主任者の資格・教育終了が必要とされる主なものは、プレス機械作業主任者・木材加工用機械作業主任者・酸欠危険作業主任者・有機溶剤取扱等作業主任者・鉛作業主任者など

40 安全ポカヨケでレベルアップ

ケガ防止の設備投資も低減できる

人為ミスによるケガを避けるための小改善を、安全ポカヨケと呼びます。人の動作域と設備の稼働域が、同時に重ならないようにする必要があります。

安全ポカヨケにはいくつか種類があり、設備稼動域内に手を入れると手払い式安全装置のアームが作動し、手を稼働範囲から払い出す侵入時排除型があります。主にプレス機械で採用されています。また、設備稼働域内に手を入れたことを光電管で検出し、即、設備を止める侵入時停止型も用意されています。

以上は単体設備向け装置ですが、複数設備の協調動作領域侵入停止型というポカヨケもあります。これは、マットスイッチなど人が足を踏み込んだことを検出して設備停止させるもので、大型光電管と併用する場合があります。このほか移動物衝突防止型として、無人搬送車（ＡＧＶ）や金型台車（ムービングボルスタ）などのバンパー停止が挙げられます。

安全ポカヨケの実施は、まず作業を観察して危険作業の焙り出しから始めます。たとえば、汚れた材料をきれいにして使わなければならないとき、汚れを取る時間が必要になったことで、本来は安全のために行う動作を省略する近道挙動という不安全動作が見つかります。次に、ＥＣＲＳ（24項を参照）の視点から危険作業を見直し、危険作業をピンポイントまで突き詰めます。そして、ピンポイント化された危険作業を治具化、カバー化、自働化など複数のポカヨケを考案し、最適解を選んで実施するのです。以後は継続維持管理と、不具合があればその都度修正します。

あわせて安全ポカヨケ改善シートを作成し、ノウハウ・標準化することも重要です。他の設備に横展開するとともに、新規設備に知恵を織り込みます。ポカヨケは、導入時に作動テストを行い、定期点検や日常点検を実施します。

要点BOX

- 安全ポカヨケを作業者自身が考案して安全を確保できれば、自分の技能向上につながる
- 安全ポカヨケは職場活性化の第一歩になる

安全ポカヨケ改善シート

○○年○月○日

改善シート					
工場	●●●	職種	▲▲	報告者	□□
(1)ポカヨケの問題点					
(2)ポカヨケの装置					
(3)ポカヨケの効果					

安全ポカヨケの進め方と標準化など

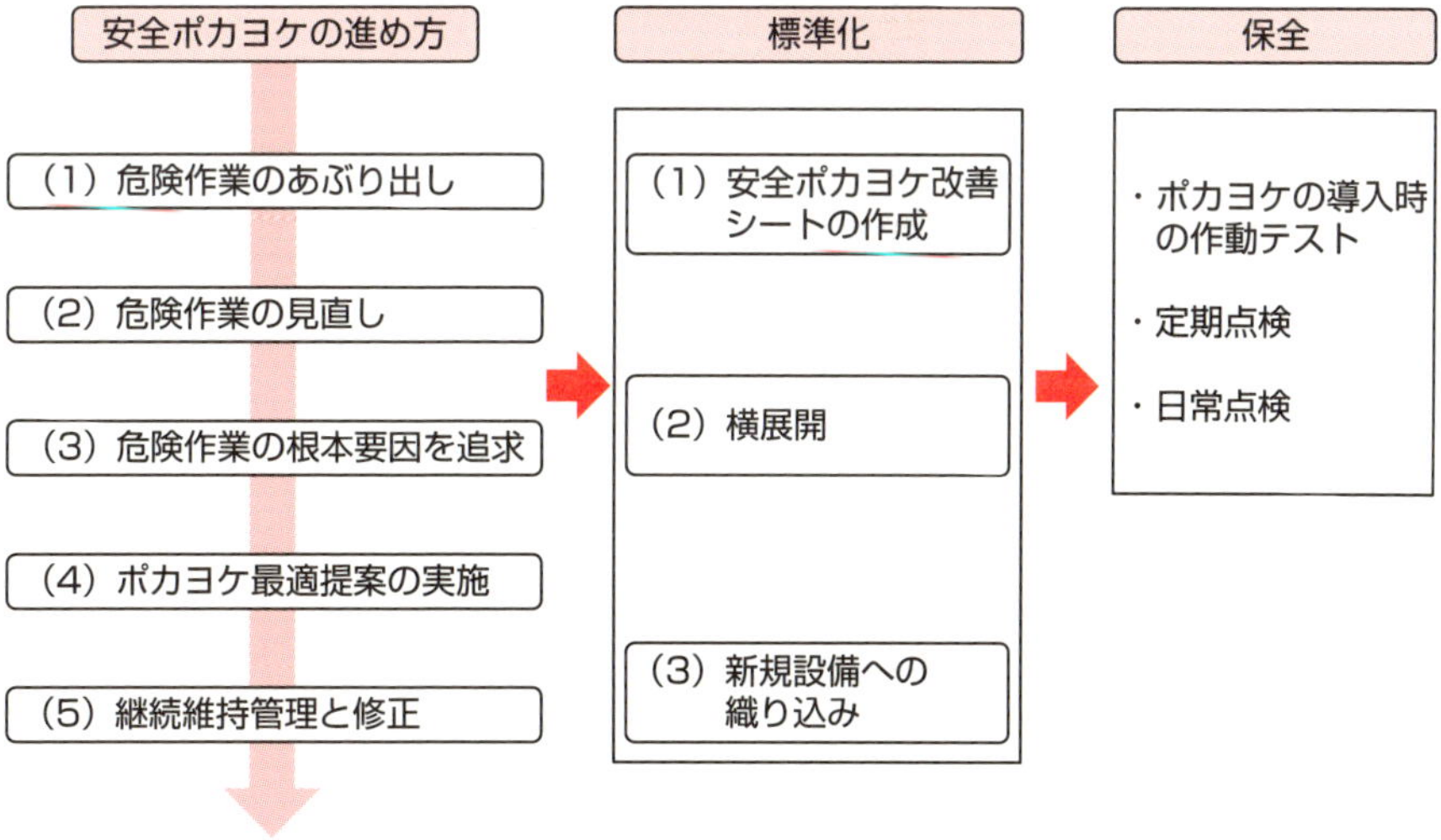

安全ポカヨケの進め方
(1) 危険作業のあぶり出し
(2) 危険作業の見直し
(3) 危険作業の根本要因を追求
(4) ポカヨケ最適提案の実施
(5) 継続維持管理と修正
標準化
(1) 安全ポカヨケ改善シートの作成
(2) 横展開
(3) 新規設備への織り込み
保全
・ポカヨケの導入時の作動テスト
・定期点検
・日常点検

用語解説

手払い式安全装置：「スライドの下降に連動し、防護板などで危険限界内にある身体の一部を払い退けることで安全を図る装置」とJIS規格で定義されている。手引き式安全装置というものもある

マットスイッチ：床面に敷くマットに内蔵されたスイッチが、人などがマットに乗ることでスイッチオンになり、その信号によりロボット機械が停止するように使われる。断線などを検知する機器と組み合わせたり、耐油性や滑り防止を考慮したりする

41 安全制御機器を知ろう

安全機能を内蔵したツールを活用しよう

工場で安全に作業するための支援ツールを、安全機器と言います。特に作業者が操作ミスを起こしたり、機械が故障したりしたときに安全を確保する制御機器は安全制御機器と呼ばれます。主なものは各種センサー、安全コントローラー、警報機などです。

これらの制御システムは、安全関連部と非安全関連部で構成されています。安全関連部は、機械動作自体の機能を制御する非安全関連部に対して、作業者の安全が確保されている場合に信号を発信し、非安全関連部から起動の信号が発せられたときのみ機械が起動します。したがって、作業の安全が確保されていないときは、非安全関連部から起動信号が発せられても機械は起動しません。

非常停止ボタンは、工場の主要な安全機器の1つです。危険時にとっさに操作しやすくするため、赤い大きなキノコ型の押しボタン形式が主流です。非常停止ボタンの出力はNC（ノーマルクローズ）型で、たとえ非常停止スイッチが破損しても機械は起動しません。また、押す力はばねなどを介さず直接接点を「開放」にするため、ばねが破損しても動作に影響しません。ラッチ機構を備えているため、一度押したボタンは手を放してもそのままの状態を保つことができます。作業者が押しやすい場所に設置し、操作しにくくなるカバーはつけないほか、凹んだ箇所には取り付けないなどに留意しましょう。

一方、安全スイッチ（インターロックスイッチ）は工作機械の扉や、ロボットを囲む安全柵の扉に設置されます。扉が閉じているときのみ稼働できます。安全スイッチは、ドライバーなどの工具では無効化できず、扉を開いた状態での起動もできません。また、スイッチ自体をはずせないようにするため、取付はリベットや一方向ねじなどで容易にはずせないようにします。このほか、強制ガイドリレーを内蔵した安全リレーモジュールなどがあります。

要点BOX

- 安全制御機器は入力部、論理部、出力部で構成
- 設置場所、取り付け方法などの留意事項を守って使うことが必要

安全制御システム

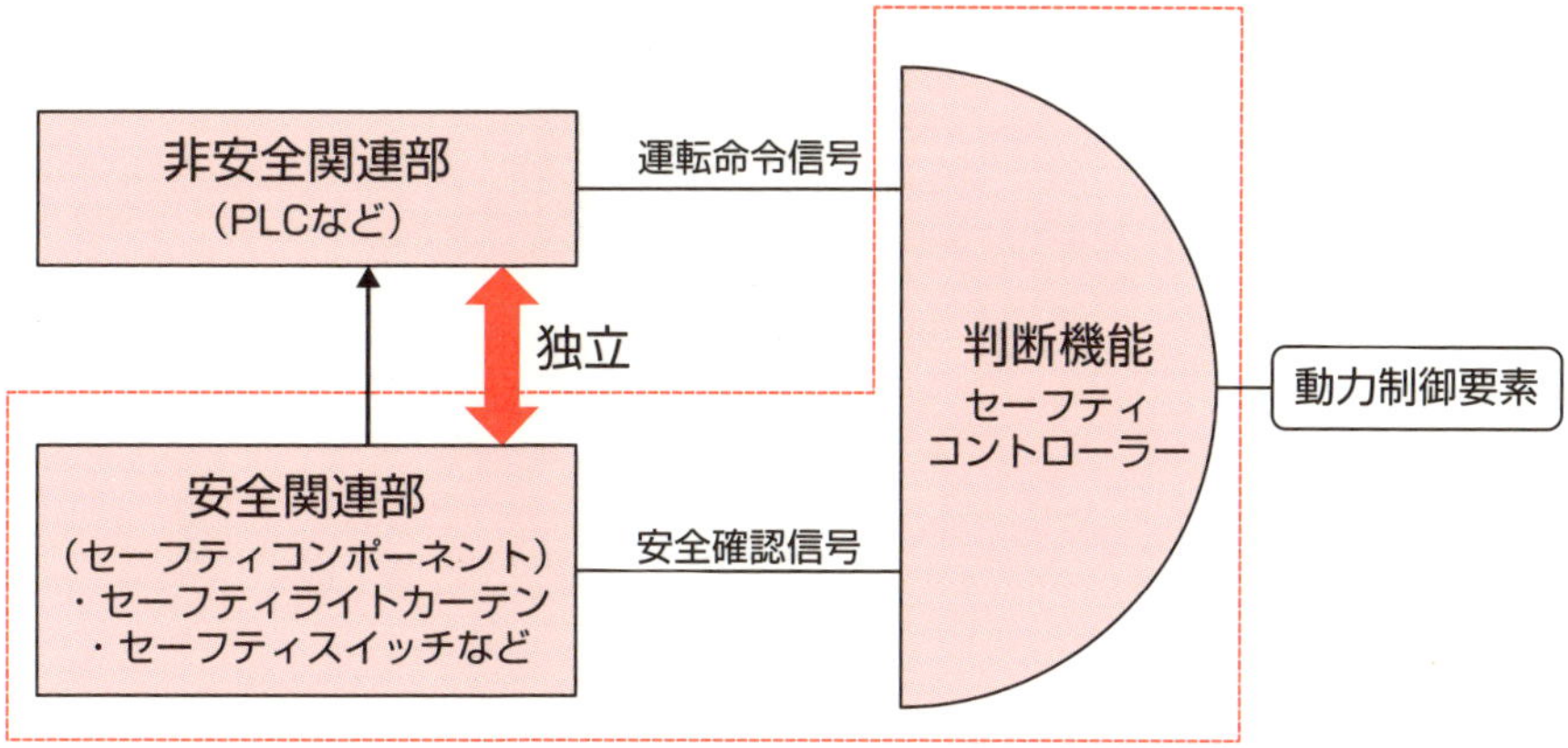

非常停止ボタン・強制ガイドリレー・安全スイッチ

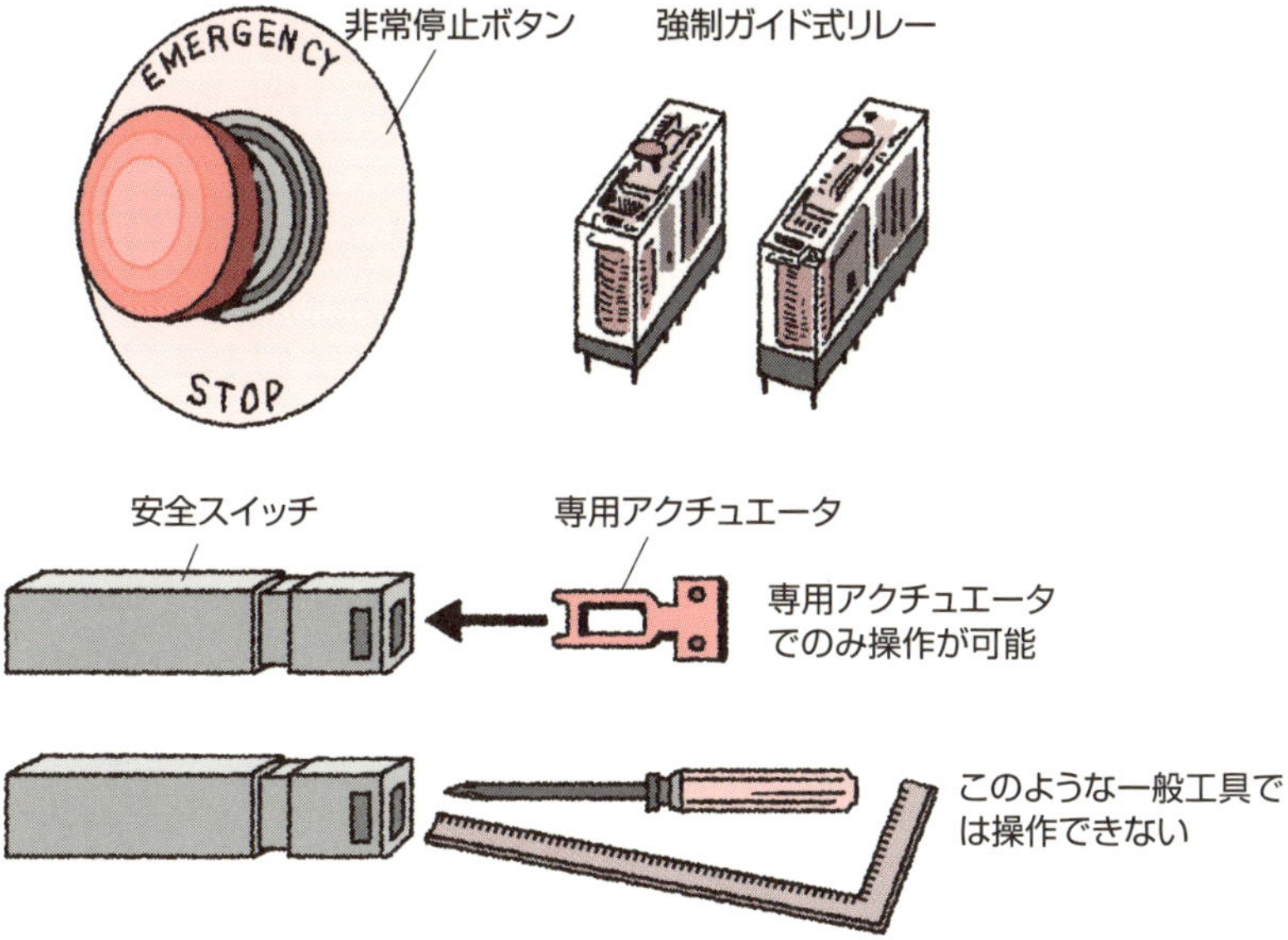

用語解説

安全リレーモジュール：非常停止ボタン、安全スイッチなどの入力から安全かどうかを判断し、アクチュエーターなど出力部に信号を送る構成。複数の強制ガイド式リレーと電子回路を内蔵している

強制ガイド式リレー：リレーそのものの役割以外に、自身の接点が溶着などで故障した際、それを検知して安全に機械を止めるよう監視するため、安全制御システムに活用される

Column

生活習慣を変える健康BIP2活動

安全衛生と健康を車の両輪とするトヨタの安全健康推進部は、生活習慣改善指導のために2004年からBIP（Behavior change Innovation Program）と呼ばれる行動変容プログラムを導入しました。その翌年から5カ年会社方針として、BMI管理（肥満防止）と禁煙の2つを目標に掲げたトヨタ独自の行動変容プログラムを「健康BIP2活動」と称しています。

健康教育を行う場合は、特に食習慣や運動、禁煙などの行動を変更させる必要があります。そのような行動の変更を行動変容と言います。行動変容モデルは米国人の心理学者、プロチャスカとディクレメンテによって提唱され、第1ステージ無関心期→第2ステージ関心期→第3ステージ準備期→第4ステージ行動期→第5ステージ維持期という5つのステージで成り立っています。

トヨタでは、たとえば食事について「食堂のカロリー表示を見ている」の該当者には摂取カロリーやバランスを示し、その後グループワークを実施させ、さらに社員食堂を活用してステージをランクアップさせました。この独自のアプローチとワクワク学習会（グループワーク、セルフトーク、ロールプレイなど）を組み合わせたプログラムを集団教育カリキュラムとし、各ステージの人が学習会で話し合いながら仲間意識も加え、健康習慣の宣言を行うというものです。

従来の個別指導より改善率が高いアプローチ法として確立しました。さらに、2017年「健康チャレンジ8」活動で、①適正体重（BMI）、②朝食、③飲酒、④間食、⑤運動、⑥禁煙、⑦睡眠、⑧ストレスの8つの健康習慣改善を実施しています。

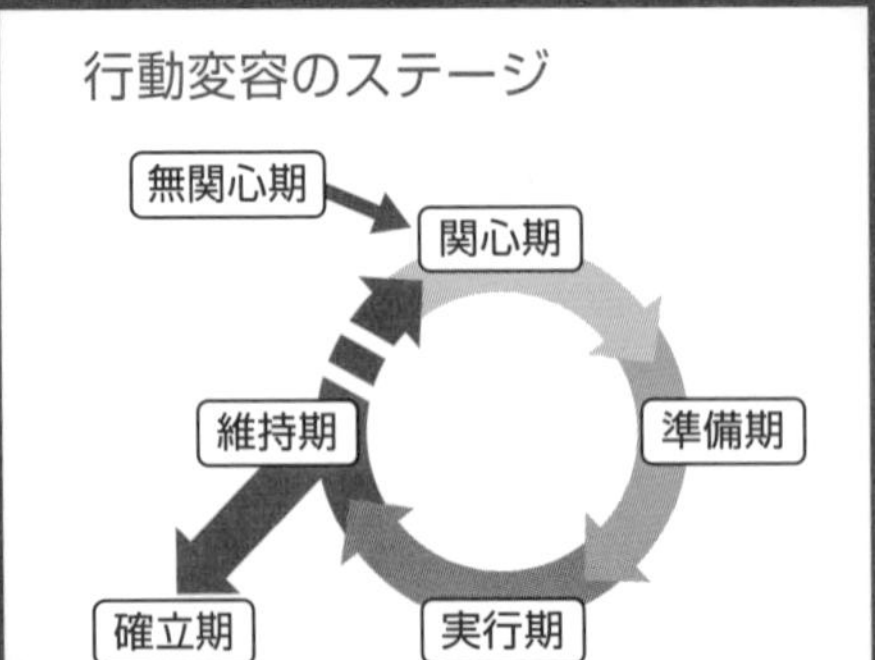

第6章

安全を確保する運用と維持

42 安全組織のあり方

3つのタイプの安全組織を相互に連携

安全組織には3つのタイプがあります。1つ目は、企業の安全衛生専門部署が中核となり、労働安全衛生法に定められている各種機能を遂行するものです。社長など、企業トップが総括安全衛生管理者を務めます。各階層による安全衛生委員会が月に1度開催され、安全衛生の目標設定や達成状況、発生災害内容や対策状況を議論し、関係部署に徹底します。

2つ目は、設備設置や改造、修理保全を契機に社外機関を中心に臨時的に組織される場合です。工事の技術的発注部署や安全衛生部署、設備使用部署、複数の社外工事実施企業などが工事実施期間中に組織されます。工事内容の特徴に基づいた災害防止の視点から、安全点検・巡視を組織として行います。

3つ目は、工場現場において自律的な活動を行う小集団組織です。小集団組織は工場の職場改善を自立的に行う組織で、安全衛生改善だけでなく品質改善、原価改善、環境改善などにも取り組みます。また、安全衛生改善について期間を区切って強化することもあります。同職場の4～8人程度の班、あるいは係ほどのグループ組織で、自部門の作業領域や作業内容に関わる安全衛生の問題を取り上げ、危険予知訓練の代表手法である4R（ラウンド）法を基本に、現状把握と対策案検討、改善を実施します。

工場長や管理職は、活動時間や場所の確保、活動リーダーおよびメンバーからの相談対応、問題解決技法や活動推進手法、基礎的な改善技能の教育訓練などに留意すべきです。特に重要な点は、活動内容を人事考課に反映することです。TPMではPMサークル、TQMではQCサークル、TPSでは自主研活動の中で災害未然防止という取り組みを強化していきます。

要点BOX

- ●トップが率いる安全管理推進組織が中心
- ●社外を含む安全技術、安全機能を推進する組織
- ●安全遵守のための現場改善組織も重要

3タイプの安全組織

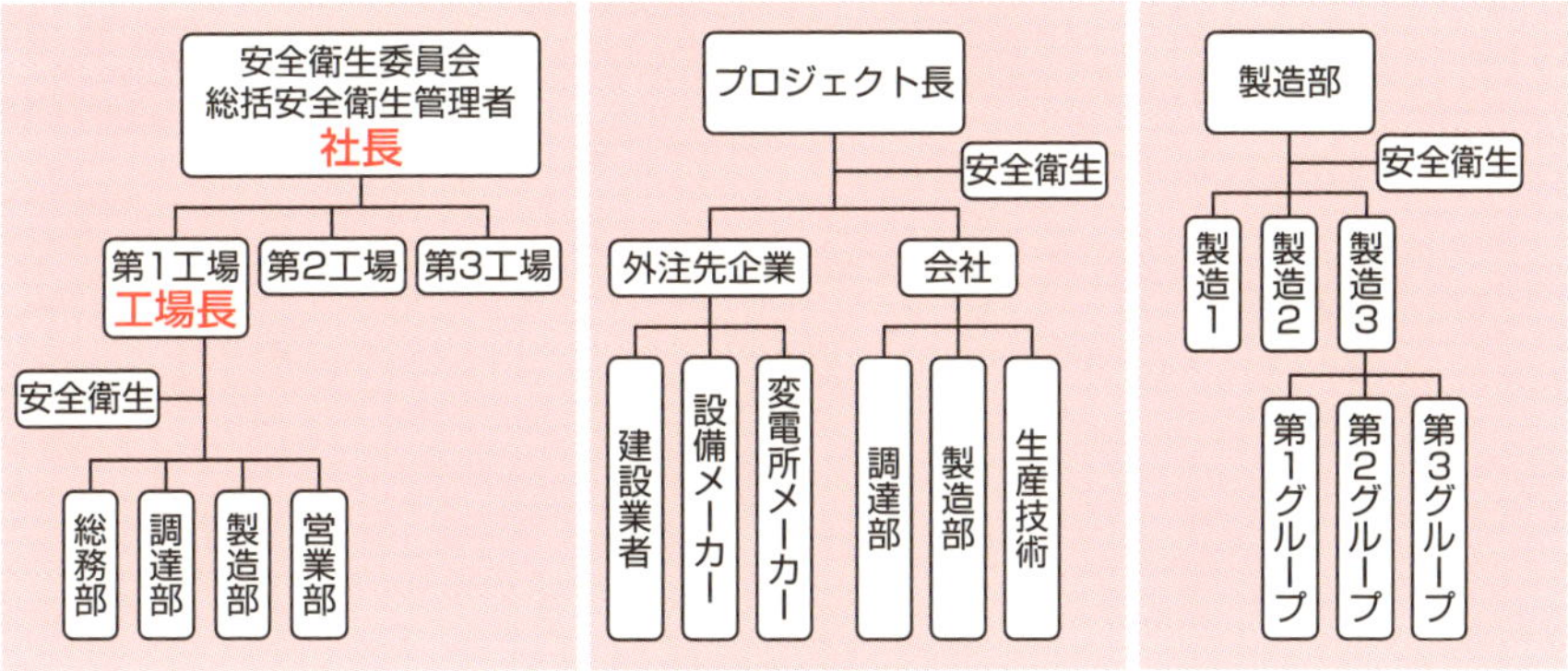

4R(ラウンド)法

導入 整列·番号点呼·挨拶·健康状態の確認

第1R(現状把握)
→どんな危険が潜んでいる?
☆作業状態を示したイラストを見て、作業にどのような危険が考えられるか、メンバーでどんどん話し合おう!

第2R(本質追求)
→危険のポイントはどこか?
☆最も重要と見られる危険はどれか指摘し合おう!

第3R(対策作成)
→あなたならどうする?
☆この危険を回避したり防いだりするために、あなたならどうしますか?　メンバー間でアイデアを出そう!

第4R(目標設定)
→私たちはこうする!!
☆必ず実施する対策をメンバー間で1つに絞り、チームの行動目標として決めよう!

確認 整列·番号点呼·挨拶·健康状態の確認

用語解説

自主研活動:トヨタ生産方式による改善活動の基礎的組織である自主研究会が行う活動。企業内活動では製造課・製造部・工場レベルがあり、企業外活動では協力会社・系列会社間がある

PMサークル・QCサークル:PMサークルは、設備管理を中心とするTPMにおける現場作業者による自主保全サークル。QCサークルは、品質管理を中心とするTQCにおける現場の自主的品質改善サークル

43 安全衛生巡視点検の勘所

毅然とした姿勢で臨もう

安全衛生巡視点検（パトロール）は工場や設備、作業方法、作業環境などが、労働災害や疾病につながらないように行うものです。潜在的な問題を掘り起こし、安全で健康的に作業するため実施します。

工場新設時や設備・ラインの改造実施時、その他材料・作業者・工法の変更時など作業環境が変化したときには必ず行います。次に月1回定期的に実施するのが巡視点検です。とりわけ決められたことが正しく守られているか、長時間使用するため設備のボルトがはずれて危険が生じていないか、などを中心に見ていきます。

すべての部署を対象に、所属部署から作業者、保全マン、技術者、安全担当部署などを含む点検組織を、トップの直轄組織として権限を付与し編成します。点検エリアを区分し、1区分を複数人で点検します。点検時は点検場所に応じた保護具を着用し、レイアウト図と点検チェックシートを持参します。必ず当該部署の責任者が点検時に対応します。

作業場や設備、治工具から人の作業、危険動作、作業姿勢、そして作業衣や保護具などの着用状況、作業中の手順書と要領書などの遵守状況をチェックします。守るべき書類を点検し、ケガや疾病を発生させないよう問題点を顕在化して改善につなげます。

問題点は、当該部署の責任者に現認してもらいます。一方、社外工事業者については、外注業者点検組織や点検時期、点検内容、チェックシートなど、その特徴に応じた安全点検巡視を行うようにします。

点検結果については、安全衛生委員会などで問題点について改善実施内容，対策期日、責任者などを報告し、対策実施後には現地・現物で確認します。巡視点検の勘所は、何より速いPDCAの回転と3現主義の徹底に尽きます。

要点BOX

- ヨソ者（他部署）の視点で見ることが重要
- 4M（設備・人・材料・作業方法）の変化を見逃してはいけない

安全衛生巡視点検の要点

担当者
- ・（点検者）点検対象部署からの代表2～3人で編成
- ・（点検応対者）点検対象部署の責任者

点検時注意
- ・点検場所に応じた保護具を着用

点検対象
- ・作業場、設備、治具工具
- ・作業危険動作、作業姿勢
- ・作業衣、保護具の着用状況
- ・作業中の手順書、要領書などの遵守状況

安全衛生巡視点検チェックシート

安全衛生巡視点検チェックシート						
職場名			点検者		点検日	
項目	No	点検内容	チェック欄			
設備	1	治具・工具はよく整備されているか				
	2	…				
	3	…				
	4	…				
工程	1	標準作業通りに作業を行っているか				
	2	…				
	3	…				
5S	1	火災報知器の前にモノを置いていない		表示があるにもかかわらず、台車が置いてあったため撤去の指示を行った。		
	2	…				
	3	…				
	4					

用語解説

点検エリアと点検区分：1つの工場にショップが複数ある場合、たとえばプレスショップを対象にするときは、決められた点検時間で対応できる職場区分を設定する。設備密度や作業密度の多い場所は小さい面積区分とする

外注業者点検組織：工場新設や新ライン設置時は、複数の外注業者が混在して工事を行う。このときは外注業者を含めた自主的な安全点検組織をつくり、工事業者相互の安全意識を高めるようにする

44 朝市・夕市でレベルアップ

新鮮な情報で本質が見える

朝市・夕市は、観光地で農産物や魚介類などの地元産品を生産者が直接販売し、新鮮さや楽しいコミュニケーションを売りにしている市場のことです。トヨタでは、こうした臨場感を持たせた現場の問題点顕在化手法を、主に新製品立ち上げプロジェクトの初期流動期間に行っています。

新製品の量産開始前は材料や設備、治工具、作業者、工法などが変更になり、個別の試験では摘出できない問題が多数発生します。これらを早期に顕在化し、多くの関係者の眼に触れさせ、的確な対策を即実施し、早期に安定稼働させることを目的とします。最も重要な項目は安全・衛生対策です。

新製品立ち上げ時の量産開始時点から安定稼働までの初期流動期間以外にも、特別な問題解決および特別プロジェクト実施時に朝市・夕市を行うことがあります。実施場所は関係者が集まりやすく、設備や製品に近い、問題品を展示できる、大型の掲示板が設置できるなどが要件になります。時間は1時間程度で、事前に問題点や対策案、期限、担当者を決めておきます。組織は、設計・生産技術・製造・検査・生産管理・生産準備企画などの実務担当者と、管理者およびプロジェクトの責任者で構成されます。

事務を除く朝市・夕市の実質進行管理は、以後の生産を担当する製造部門が品質・原価・安全などについて、つくりやすさの観点から担当します。不良品の現物や故障した設備部品、ケガが発生しそうな鋭利な部品、腰痛を起こしそうな作業工程の写真などを朝市の現場（さらし台）に持ち込み、現物で確認して対策案の適否を議論し、真因を確認します。議事録は即日作成され、即対策が行われます。

対応の的確性と実施上の品質、そして何よりもスピード感を持って行うことが大事です。

要点BOX

- ●ケガなど問題が発生した際、6W・4Mの一部でもわかった直近時点で報告する
- ●他部署に防止対策などを横展開する

朝市・夕市広場

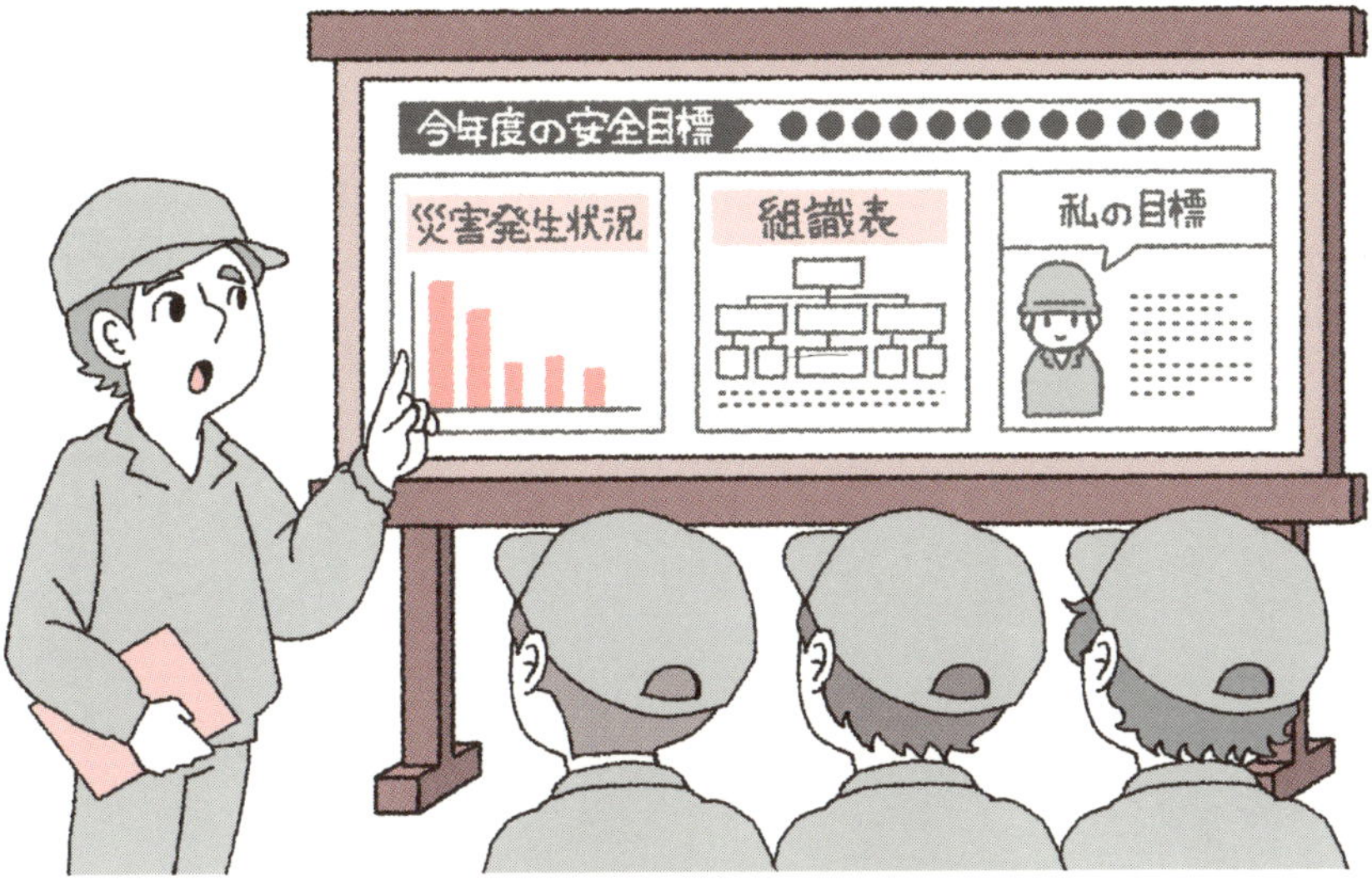

さらし台の例

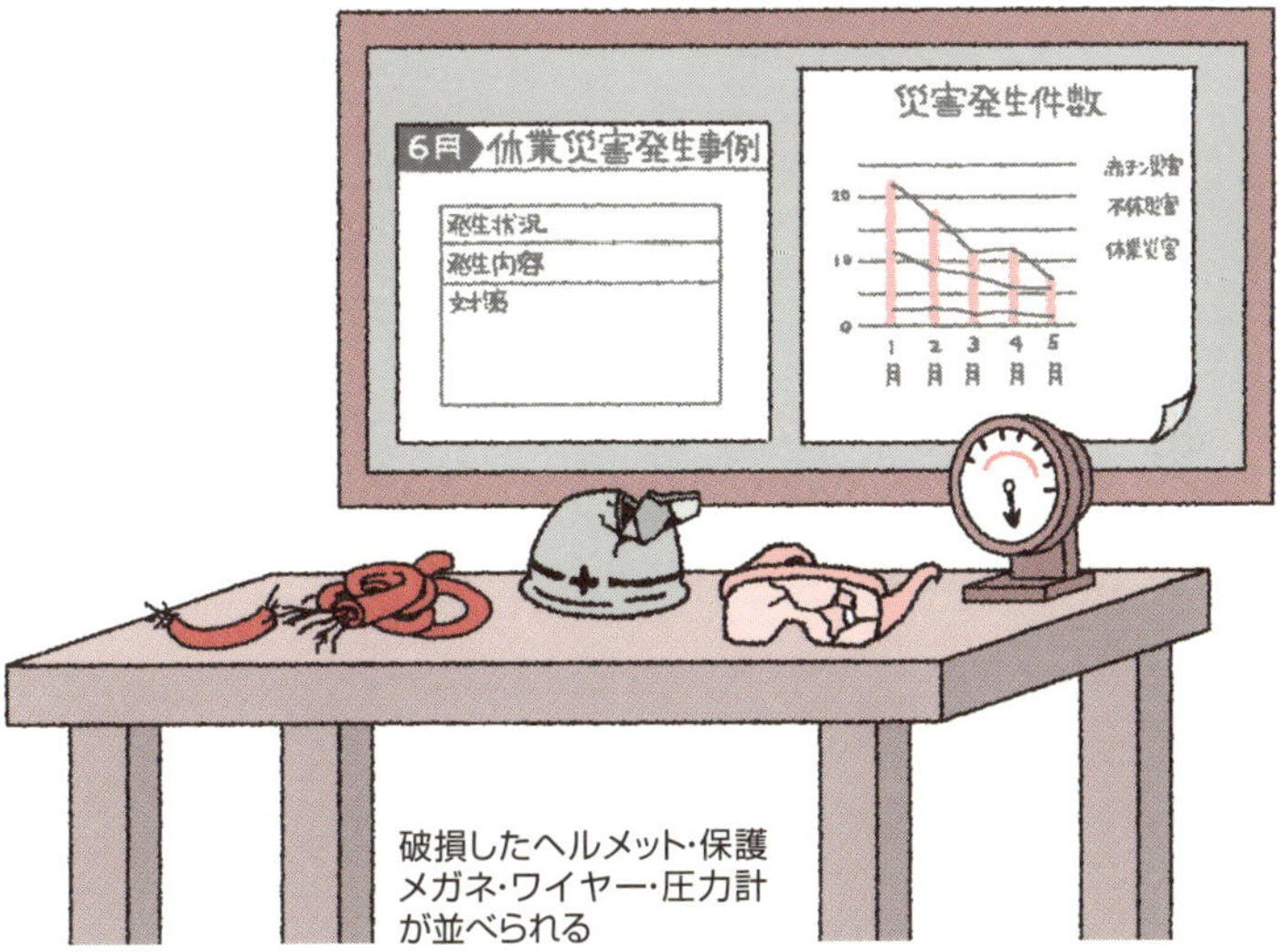

破損したヘルメット・保護メガネ・ワイヤー・圧力計が並べられる

用語解説

安定稼働：新製品立ち上げ時に加工設備や金型、搬送機などが連続的に動作し、設備トラブルや製品不良、人に対する不安全のない状況で初期の生産性を達成した状態を言う

つくりやすさ：製品設計段階において、つくりやすさを念頭に置いた設計をすることで、コスト低減やリードタイム短縮、品質確保が図れる

45 安全技能を育む

各種安全教育の中心的位置づけ

安全確保の前提として各種安全教育があります。ここでは、生産現場における安全教育のキーワードとして、安全技能に触れます。

安全教育とは危険性・有害性のある作業で、たとえば溶接作業や塗装作業に対し、免許や技能講習、安全教育などを受けさせ、修了した人を該当作業に就かせることを言います。また、作業者の中でリーダーと目する人に教育を行い、作業主任者として安全確保に努めてもらいます。

特に危険性・有害性があると指定されていない作業でも、道具・工具の使い方や作業姿勢によりケガをすることがあります。たとえば、近くにあった金属片をハンマーのように仮使用して手を打撃したり、ヤスリで金属の表面を磨くときに足腰や手指の備え、力の入れ具合から滑り、手指を擦過・切創したりします。こうした基本的な能力は、安全技能として繰り返し訓練し、体で覚え込む必要があります。

こうした安全技能を体得するための訓練場として、安全道場が機能しています。後に詳述しますが、安全道場では危険体感、たとえば感電や重量物落下、転落、はさまれ、巻き込まれを体感する各種の危険模擬体感場が設けられています。また、設備間通路に床上配線配管やむき出しの切削刃物台、通路に出っ張っているエアーシリンダー、カバーなしの高電圧電源、通路上の油漏れ、不適正安全柵などの危険箇所摘出感度訓練場も用意されています。

このほか光線式安全装置、遊び手回避のための両手押しボタンスイッチなどの安全装置模擬動作場、ヘルメットやガスマスク、防護めがね、安全帯などの着用方法を徹底指導する安全衛生保護具着用場、安全作業手順書や標準書、安全ワンポイントレクチャーシート、各種災害解析シート、事例写真など教育機材の展示場があります。こうした場で教育訓練を行い、ゼロ災害を目指します。

要点BOX

- ●たとえば、工具の持ち方や力の入れ具合など安全に作業を行うための技能を身につける
- ●安全作業の教育訓練の場となるのが安全道場

安全技能の例（ヤスリ作業）

安全道場見取り図

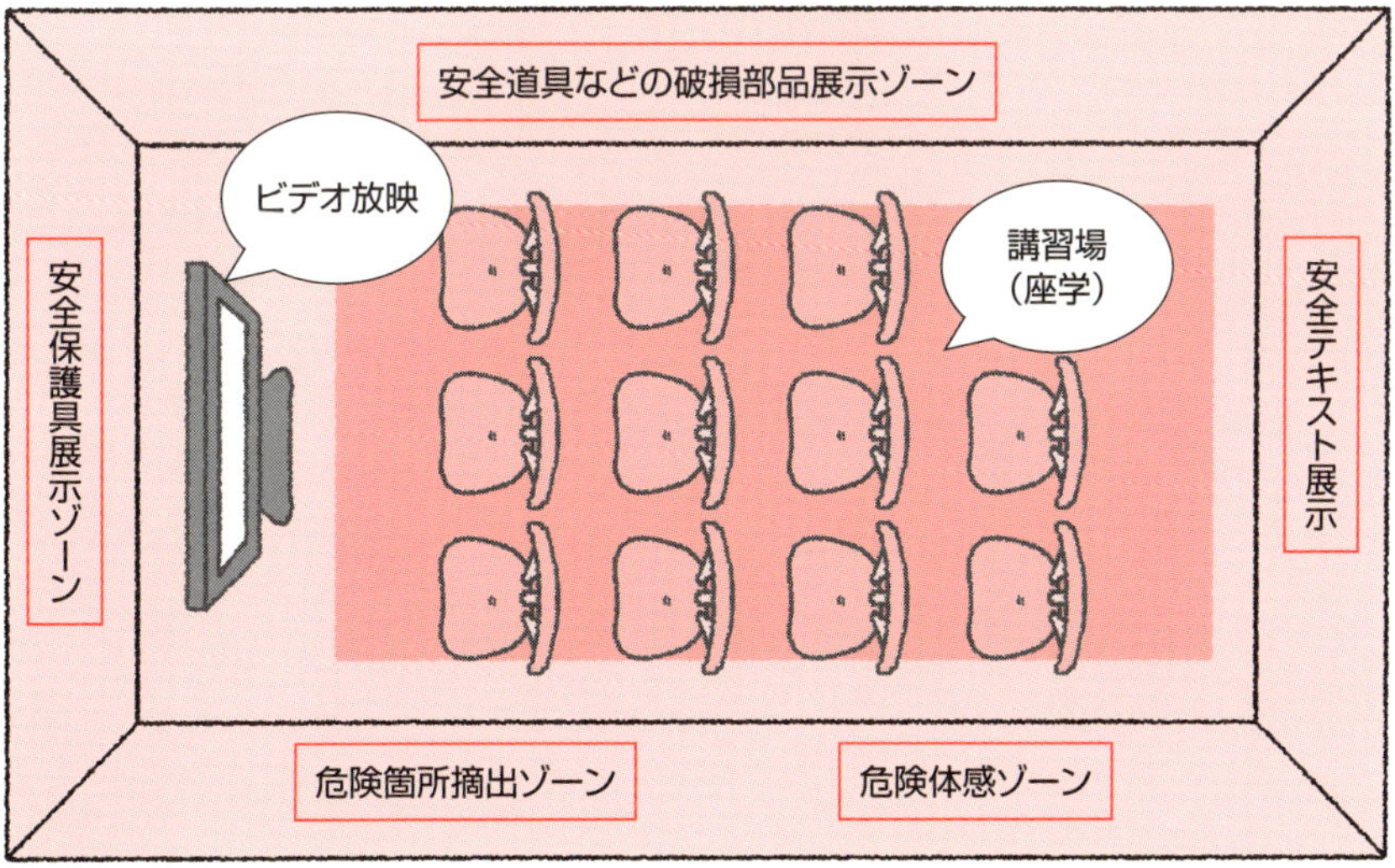

用語解説

危険性の分類：機械などによる危険性のほか、爆発物・発火物・引火物・腐食物などによる危険性、電気・熱その他エネルギーによる危険性、作業方法・場所、作業行動に関する危険性などの区分がある

有害性の分類：原材料・ガス・蒸気・粉塵などによる有害性に加え、放射線・高低温・超音波・騒音・振動、異常気圧などによる有害性、作業行動から生ずる有害性などがある

46 多面的な安全見える化のステップ

危険箇所だけでは足りない

見える化には、いろいろな意見がありますが、以下に示す5つのステップがあります。

①見える化

現状がどうか、過去から現在にどう連なるかを6W（WHAT・WHO・WHERE・WHEN・WHY・HOW）の視点で明確にします。内容と緊急性により優先順位は異なってきます。対策につなげるには、4M（MAN・MACHINE・MATERIAL・METHOD）の視点でも確認します。

②観える化

対象にこだわりなく、全体を俯瞰してとらえます。少し遠方に、見落としやすい伏兵が潜んでいることがあります。安全は、企業外の家庭環境や社会環境が不安全行動につながる場合もあるのです。

③視える化

見える化で具体状況が把握できた後、より細部の問題として取り組む必要が出てきます。設備によるはさまれ事故など、信号伝達速度と設備動作速度の合計と、人の手脚などの動作速度で検証します。

④診える化

人とケガを、発生するエネルギー源との関係（人がエネルギー供給源になる場合もある）や作業動作、作業姿勢、供給エネルギーの強さから診断します。データや写真で多面的・時系列的に解析します。

⑤看える化

ケガや災害を起こさないという視点で看ます。人とエネルギーの接点でケガや災害が起こるため、設備が供給するエネルギーレベルの大きさや種類から、適正に判断するための視点です。人の特性や体調も視野に入れることが看える化になります。

一部では、見える化が単なる目的になっている場合が見受けられます。現状を把握して問題点を顕在化し、対策につながるレベルまで解析し、対策内容や日程、費用まで見える化できると効果的です。

要点BOX

- 安全見える化は5つのステップで確認
- 「見える化」「観える化」「視える化」「診える化」「看える化」の意味を理解しよう

5つの見える化の概念

5つのステップ

1 見える化 過去から現状に至るまでを6Wの視点で明確にし、対策のために4Mの視点で確認する

2 観える化 全体を俯瞰して見る。家庭環境や社会環境なども含め、広く不安全行動につながるものがないか見る

3 視える化 細部を見る。災害につながる事象などについて実測検証するなど、具体的に見る。

4 診える化 人とケガを発生するエネルギー源との関係を見る。作業動作・姿勢、供給エネルギーの強さなどを診断する

5 看える化 怪我や災害を起こさないという視点で見る。人とエネルギーの接点を適正にする

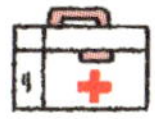

人と設備の動作速度とタイミング

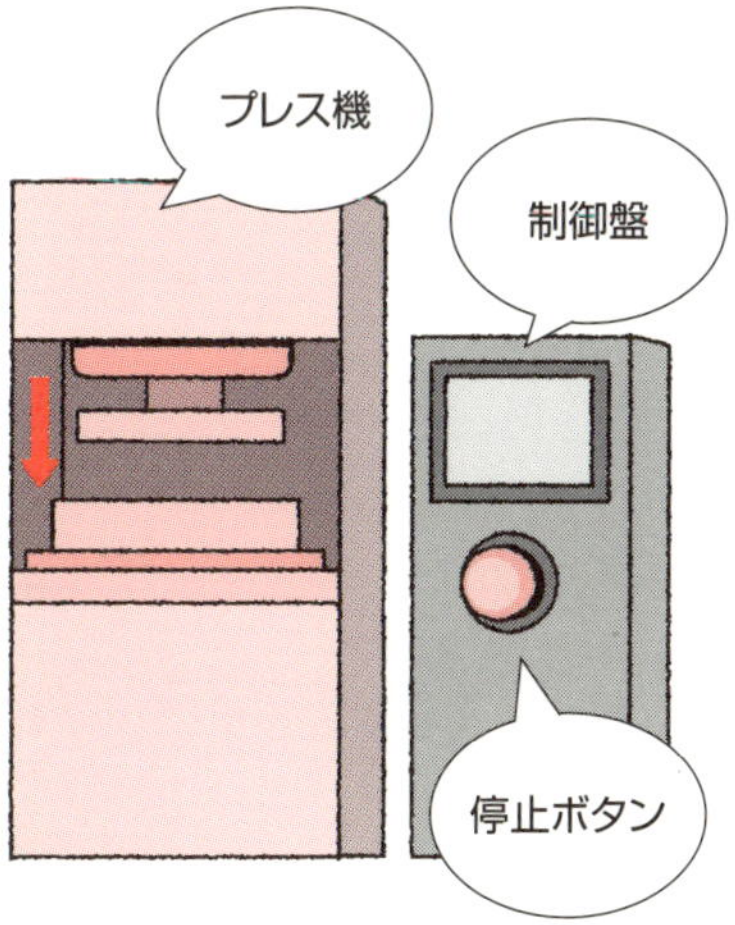

作業者がゆがんだワークを直すために手を入れ、直してから手を抜き出すまでの時間

はさまれる　はさまれない

停止ボタンを押してから、その信号が制御盤に届くまでの時間
＋
モーターが動くまでの時間
＋
プレス機械が止まるまでの時間

用語解説

安全防護設備の設置距離：基本式はS＝（K×T）＋Cで、S＝検出区域から危険区域までの距離、K＝人体または人体部位の接近速度、T＝機械の危険な動きが停止するまでの時間、C＝検出される前に人体が侵入する距離となる

プレス作業の場合：Sは光線式安全装置や両手操作ボタンの機械危険域までの距離（m）となる。Kはプレス機械の危険域に向かって動く速度（m /s）で、Tはプレス・スライドの停止信号発信後から停止するまでの時間（s）を示し、JIS で規定されている

47 安全を確実に肝に落とす

安全を肌感覚で浸透させる

安全を肝に落とすために、安全週間や安全大会、安全表彰など多くのイベントが行われてきました。これらは、安全活動に関わる全社の統一感やベクトル合わせに有効です。一方、ケガを起こすのは個人単位であることが多く、個人別に安全意識を肌感覚で浸透させることが重要になります。

そこで物的な作業環境に対し、設備上で不安全と感じられる箇所に不安全タグ（ラベル）を取り付ける活動を行います。当初は取り付けた数を時系列的にフォローします。タグが取り付けられた危険箇所は登録され、解決策を検討して対策し、不安全が解消されたらタグを取り外して数を把握するのです。

あるレベルに達すると、数も増えず飽和状態になります。このとき新たな教育や他部所の見学などで、新たな知見を習得したことにより危険レベルの質的向上が見られます。これにより、新たな危険箇所が摘出されます。この繰り返しを早く回すことで、安全意識を肝に落とすことができます。

保全、改造、解体、据付などの工事前にツールボックスミーティング（ＴＢＭ）を行い、日程や担当、注意事項などを伝達します。このとき、当日の工事内容について危険を想定し、意見を出し合います。短時間で効果を出すために、事前に危険想定やシミュレーションを頭の中で行い、ポイントをスケッチで記録します。このような事前検討を作業者自身が輪番で行うのです。リーダーが質問やコメントを付け加えると、より肝に落としやすくできます。

作業者が作業開始時などに当日の危険予想項目を想定し、対策を打って災害を未然防止する活動です。その際、特別に少し長めの時間を確保して、不安全ポイントの顕在化教育と位置づけることもあります。そのときは作業を含むイラスト図などを示し、４つのステップ（４Ｒ（ラウンド）法）で問題解決する手法をとるのが一般的です。

要点BOX

- 個人の感性に働きかける仕掛けが重要
- 不安全タグとTBM、KY活動が安全を確実に肝に落とすポイントとなる

不安全タグの満開ツリー

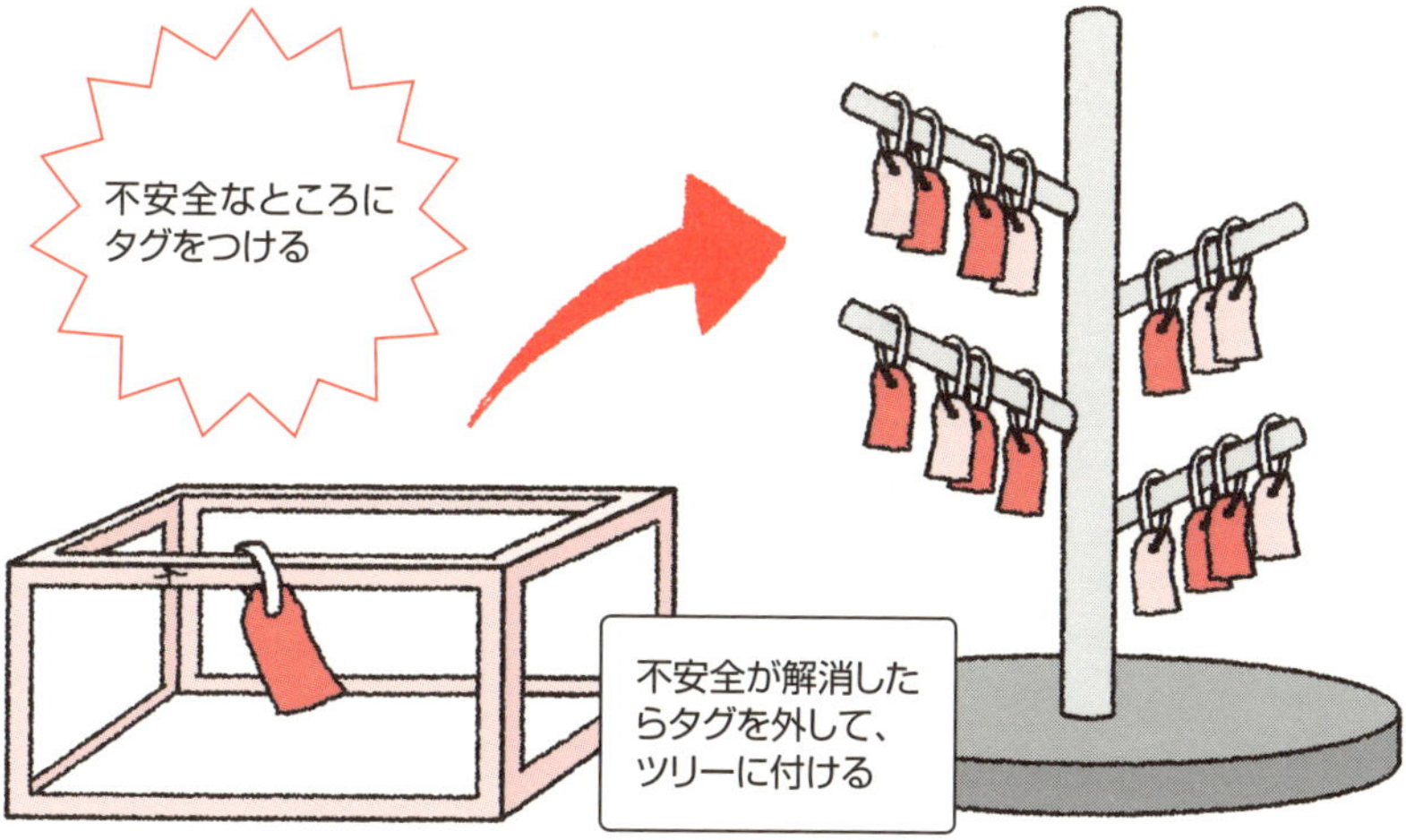
不安全なところに
タグをつける
不安全が解消したらタグを外して、ツリーに付ける

ツールボックスミーティング（TBM）の例

用語解説

安全週間：産業界での自主的な労働災害防止活動を推進し、広く一般の安全意識の高揚と安全活動の定着を図ることを目的に、厚生労働省などが主催する

安全週間の実施事項：安全大会での経営トップによる安全への所信表明を通じた関係者の意思統一と安全意識の高揚をはじめ、安全パトロールによる職場総点検、安全旗の掲揚、標語の掲示などがある

48 トヨタのSTOP6

作業者・保全マンが主役の本質安全化活動

トヨタでは1992年に、重大災害未然防止活動としてSTOP6が始まりました。STOP6は、「Safty TOYOTA 0（Zero Accident）Project 6」を表した言葉です。6つの重点事項として、①機械ではさまれ・巻き込まれ（動力ではさまれたもの）、②重量物（100kg以上）の接触による災害、③車両との接触による災害、④墜落（2m以上の高所からの転落含む）による災害、⑤感電による災害、⑥高熱物との接触による災害、が規定されています。

トヨタでは、ハインリッヒの法則が示す「重大災害・災害・不安全活動」の3段階のうち重要項目を「再発防止活動」と位置づけ、その他のヒヤリ・ハットや想定ヒヤリをさらに顕在化して対策に結びつける「未然防止活動」としています。これは、従来の災害発生起因の視点ではなく、職場風土や規律・モラル、人間関係、設備状態といった未然段階の視点へのシフトと言えます。

未然防止活動は以下の3本柱の下に展開します。

①マネジメント（管理者）→意識改革（自ら行動・経営）を行い、視解化（見える化）を進める

②モノ（設備）→本質安全化を図る

③人（意識・行動）→感性の高い人づくり（訓練・教育）を進める

このような「重点災害ゼロ」を目指す具体的活動がSTOP6です。

ところで、設備を防護しなくて済むとされるエネルギーのレベルは、ISO14120で動力120N、50N／cm^2、また運動エネルギーでは安全衛生規則（ロボット運用除外）では80W以下となっています。このほか、電圧30V以下（アーク溶接電撃防止装置無負荷電圧）などもあります。ISO13854によるはさまれ防止間隔の遵守も対象になります。基本的にシンプル・スリムな設備構造が出発点です。

要点BOX

- 本質安全化の基本はシンプル・スリム化
- 不安全行動の原因を突き詰めよう
- 再発・未然防止に注力する

トヨタの未然防止の概念

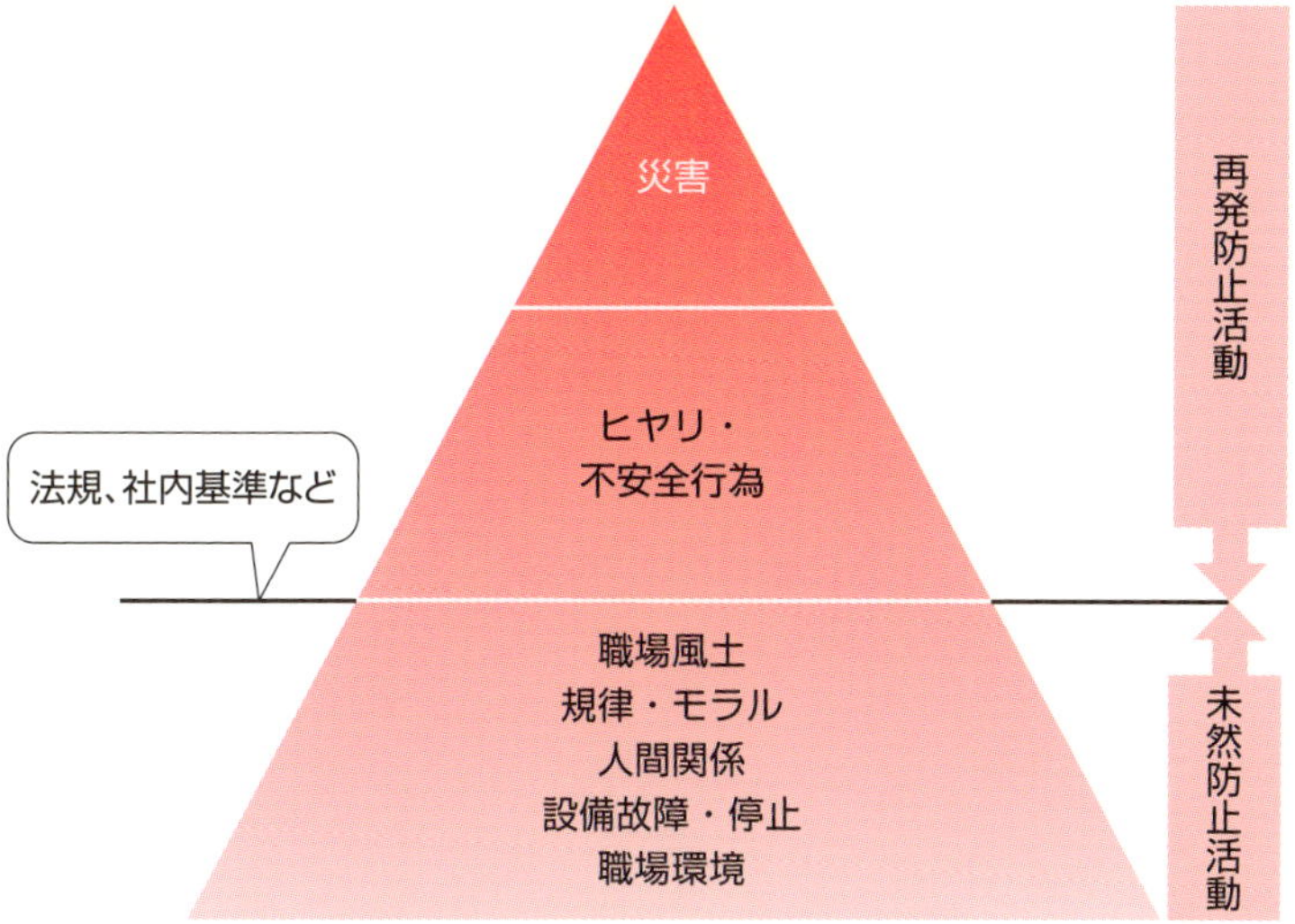

トヨタの未然防止活動の柱

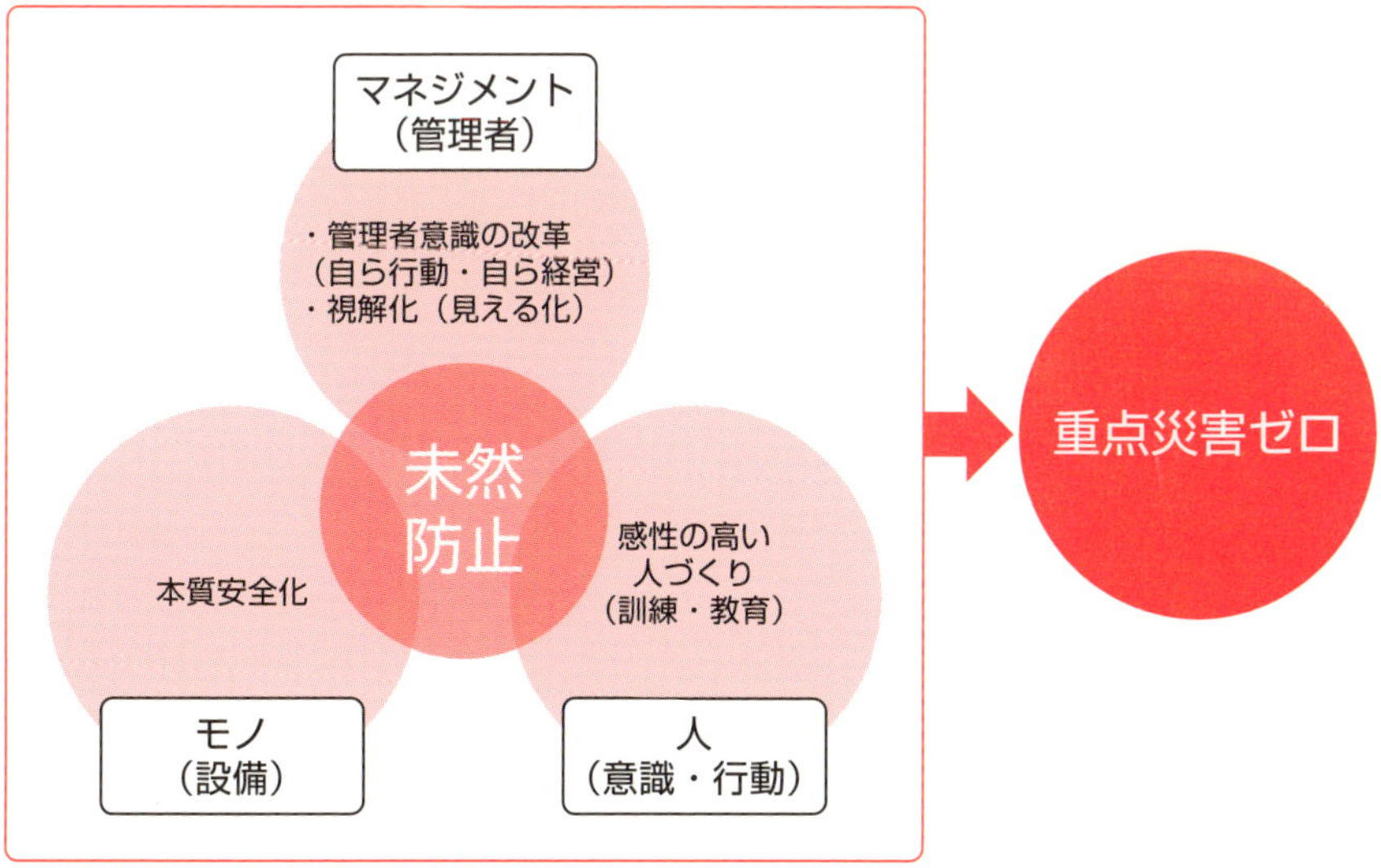

用語解説

ルールが守れない：設備視点では、手段がなくて（たとえば残圧抜き弁がないなど）止められない、もしくは止めると作業ができないような構成。人体視点では、肉体的・行動特性（咄嗟の行為）上のムリや不安・心配で止められない、止めると新たな異常が発生して徹底できないことなどが要因

守りづらいルール：作業終了までに停止回数が多かったり、惰性時間や復帰時間が長かったりする場合。操作盤の位置が遠かったり、機内進入時に止める機械が多数あったりする場合も同様

49 トヨタの「モノと情報の流れ図」（VSM）

淀みを明らかにする

トヨタ生産方式は、JITと自働化の2本柱で構成されています。JITを行うには、ツールとして「かんばん」を用います。かんばんは、モノの工程移動に関する情報を伝えます。この情報の伝え方の善し悪しがリードタイムに影響するのです。

JITを達成するには、リードタイム短縮の命題を解決し続ける必要があります。その際に、トヨタではモノと情報の流れを記載した図を使うのですが、これを「モノと情報の流れ図」と呼んでいます。海外ではVSM（Value Stream Map）と言っています。一般的には工場全体のモノと情報の流れを記入し、改善対象によりラインごと、あるいは複数の連結したラインの流れを記載します。

この図には固有の表示マークがあります。たとえば、正規分布を示す山形印は「在庫」を示し、ライン先頭部にあるのは「店」「かんばん」「かんばんポスト」で、実線はかんばんの動線、点線は電子情報伝達線、そして「工場」などです。改善するには、実レイアウト図に加工設備や搬送設備、パレットなどの荷姿、運搬具、運搬通路などを記します。

ここで特に、モノの動きと工程間の運搬時を含めた不安全箇所を明示します。不安全箇所はモノの動きがぎこちなく、整然とした流れにつながらないため明確にします。モノと情報の流れ図は、各工程の加工時間と工程間の停滞時間をON／OFFとして標記します。その合計がリードタイムになり、複数のラインのつながりの場合は調達時間＋複数ラインの加工時間＋配送時間となり、複数ライン間の生産指示情報のつなぎが重要です。工程間在庫を少なくするための改善の目安になります。

実際は、工程集約や工程分割、サイクルタイム短縮、運搬荷姿改善、ライン直結などモノの動きを見た細かな改善になります。このとき安全を明確にし、ライン全体の視点から安全改善を進めます。

要点BOX

- ●不安全箇所は、モノの動きや人の動作をぎこちなくする
- ●特に運搬のつなぎには注意が必要

VSMの例

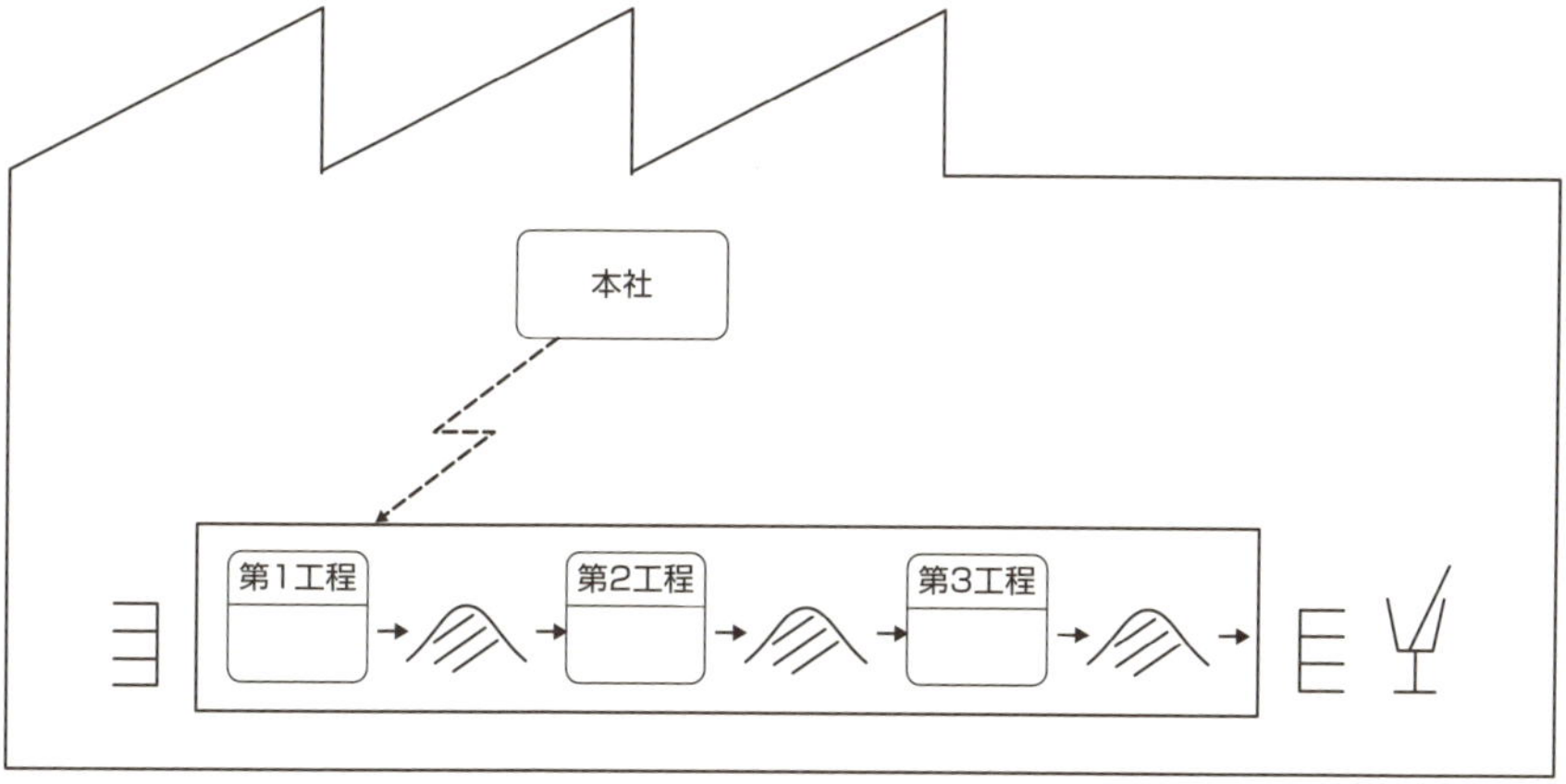

VSMに使われる表示マーク例

マーク名称	マーク
工場	
店	
在庫	
かんばんポスト	
情報の流れ（電子情報）	

用語解説

サイクルタイム（cycle time）：1つの工程が動作開始から動作終了するまでの時間を言う。連続動作する機械であれば1動作する時間のこと。生産管理上では生産開始から次の生産が始まるまでの時間に当たる

リードタイム（lead time）：生産開始指示から材料を調達し、複数の工程を順番に進め、製品になって納品されるまでの時間をリードタイムと言い、工程途中の停滞時間も含まれる

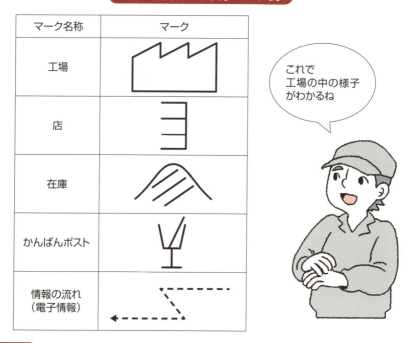

Column

中小企業向け トヨタ式安全衛生教育とは?

トヨタグループ主要5社（トヨタ自動車・豊田自動織機・豊田通商・アイシン精機・デンソー）が出資し、主に中小企業を対象にトヨタ式の安全衛生教育などを行う会社が「豊田安全衛生マネジメント」です。職場のリスクを取り除き、大切な従業員の安全と健康を確保するため、トヨタグループのノウハウを最大限に活かすことを目的としています。

トップから作業者1人ひとりまで安全最優先の基本方針に基づき、現地・現物を重視した「診断・評価・指導」「教育・研修」「認定」を3本柱として取り組みます。さらには、「仕組み・活動・成果」をトータルで見て、事業場における安全衛生の質のスパイラルアップと労働災害の未然防止に務めます。

基本理念は、危険ゼロの職場を目指し、災害の未然防止体制と体質強化の確立を掲げています。主な業務内容として「診断・評価・指導」では、①安全衛生活動状況のきめ細かな診断・評価を実施して安全衛生レベルの向上を支援、②災害、疾病の事後設置と再発防止指導、③工場構内で働く外注工事会社の安全診断があります。

また「教育・研修」としては、①法的要求を遵守するための教育、②実情に合った実践教育（現地・現物）、③トヨタグループのノウハウ伝授、④OSHMS内部監査員の養成が挙げられます。特に特徴的な教育として、トヨタグループ資格「異常処置トレーナー養成研修」、全豊田外来工事教育「全豊田作業責任者」「全豊田感電防止」「全豊田高所作業者」が設けられています。

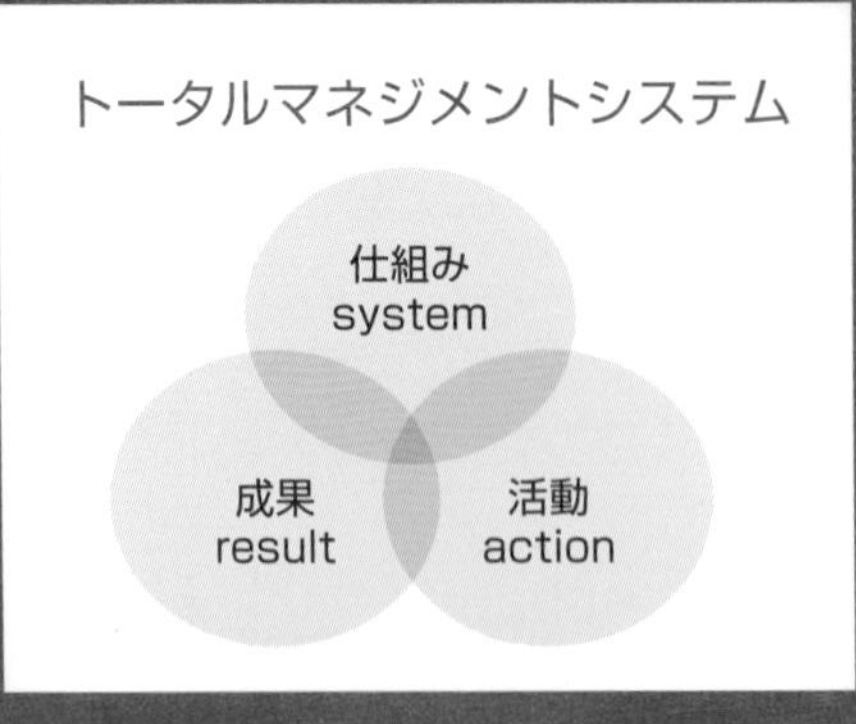

第7章

設備安全への
アプローチ

50 設備仕様決め段階から参画しよう

現場の目線を設備に活かそう

転落などの場合を除き、災害は外部エネルギーを体に受けて受傷します。工場における外部エネルギーは、設備からもたらされることが大半です。安全な設備にする第一歩は、設備安全に関する考え方の明確化と、その具体化のための安全設備仕様の確立です。ただし、闇雲に安全装置を設置しても故障部位が増えるだけで、投資経済性を損なうかもしれません。そこで、あるべき安全の姿を創造する力と、過去の知恵を活かす工夫が必要です。

安全な設備とするため、仕様決定時にどのような不安全事象が発生するかを検討します。まずはエネルギーがどこで発生し、どのように伝達されて材料を変形、変質、移動させるかを考えます。そのとき、エネルギーの及ぼす範囲はどこまでか。その制御はどのように伝達されるか。廃材となった後の分離工程やエネルギーが漏れた後の処理が、安全衛生にどのように影響するかを想定しておくのです。

このとき、安全衛生を含む設備機能を検討するのに、「もの・こと分析」という考え方があります。現場での安全確保は、作業者と保全マンの取り組みが中心になります。作業者は、機械設備や付帯装置、工具、治具、金型などの扱いやレイアウト、作業動線、作業姿勢を作業順序に基づきチェックしていきます。そして、各設備や金型と人の時間的動きから干渉がない寸法や動作タイミング、配置を行い、安全を確保するために必要な方式・構造・制御を決め、必要な安全装置や安全回路などを設定します。その際、過去の災害事例やヒヤリ・ハット事例を多く持つ、現場の視点が欠かせないのです。

保全は、より複雑な作業が強いられます。点検や測定、分解、修理、試運転の各工程で不安全状況を想定し、保全作業を容易にする設備仕様を検討します。たとえば、高所で長時間修理する必要がある設備では、点検作業床の設置を考えます。

要点BOX

- 現場の知見や経験を記述し、設備仕様書に反映
- 保全マン・作業者の“虫の眼”的視点が有効
- 「保全作業を容易にする」が改善のヒント

設備仕様書の主な項目

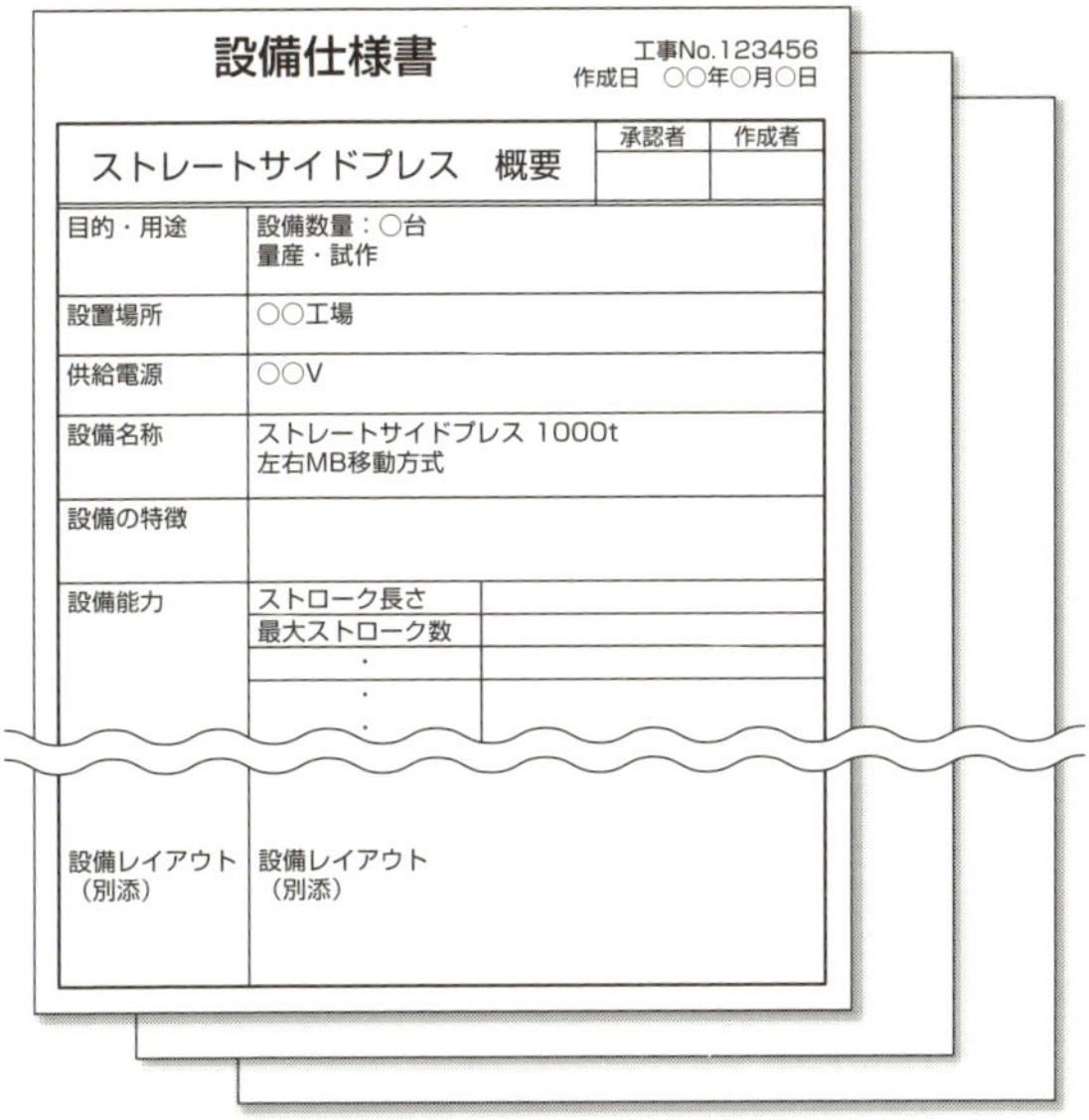

設備仕様書

工事No.123456
作成日　○○年○月○日

ストレートサイドプレス　概要		承認者	作成者
目的・用途	設備数量：○台 量産・試作		
設置場所	○○工場		
供給電源	○○V		
設備名称	ストレートサイドプレス 1000t 左右MB移動方式		
設備の特徴			
設備能力	ストローク長さ		
	最大ストローク数		
	・ ・ ・		
設備レイアウト （別添）	設備レイアウト （別添）		

マン・マシンのインターフェイス

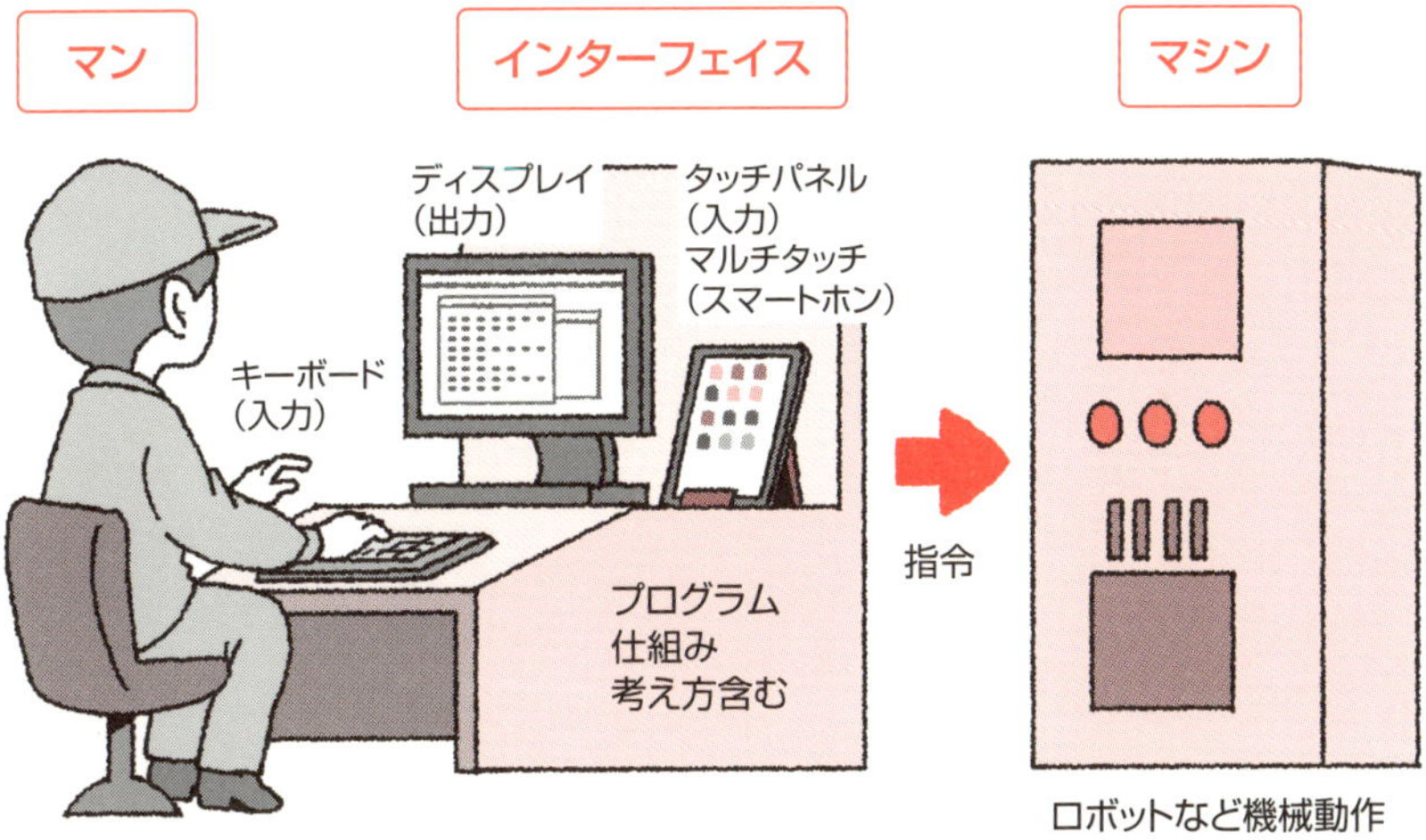

用語解説

もの・こと分析:慶応大学の中村善太郎教授が創案した分析法。素材などの初めの「もの」から、終わりの「もの」（廃棄物を含む）へ変換した「こと」から成る概念。「こと」には設備が必要で、設備のスリム化や安全を含めた機能重視設計に使われる

投資経済性評価：設備投資の評価には技術評価と経済性評価がある。設備投資は多額の金額を要すため、企業の説明責任においても経済性評価による判断が必要

51 FTA・FMEAを活用しよう

設計段階から不安全要素を取り除く

FMEA（Failure Mode and Effect Analysis）＝故障モードとその影響解析とは、設備を新たに設計する場合や工程を設計する際、品質や災害、故障などの問題を起こさないよう事前に解析する体系的な解析手法のことです。設計時に行うDFMEAと、工程を対象とするPFMEAがあります。

実施は、まず分析シートを準備し、製品の製造工程をリストアップします。このとき、全工程か変更部分、主要工程のみか対象を決めます。そして対象製造工程の不具合を列挙し、工程設計通りにいかないことや作業ミス、設備異常なども掲げます。続けて完成品への影響（故障や災害など）を調べ、完成品の事故・故障の重大性を評価します。発生頻度や不具合の影響度、重大性は点数で評価します。そして、重大な故障や災害の対策を講じ、作業訓練や安全ポカヨケを通じた工程改善などの対策後に再評価します。

一方、FTA（Fault Tree Analysis）＝故障の木は、設備故障などの不具合原因を論理的に解析し、見つけ出して対策することで、より良い製品に改善するために信頼性・安全性向上を図る解析手法です。また、同時に発生確率の評価も行います。製品の不具合事項を最初に設定し、故障に至る筋道を分析するのです。故障の木の分岐点はAND／ORゲートで分岐され、そこにはそれぞれの発生確率が示されます。

実施は、まず事故や故障などのトップ事象を設定します。次いで下位事象を1次要因、2次要因として過去のデータから順次最終要因（基本事象）まで展開していきます。そして、基本事象の発生確率を期間当たり、運転回数当たりの発生回数などで計算して見積もります。順次中間事象（2次要因、1次要因など）からトップ事象の発生確率を求め、重要要因を決めて対策するのです。

要点BOX

- ●FMEAには、設備設計時用のDFMEAと工程設計時のPFMEAがある
- ●FTAは不具合の発生確率を計算する

FMEA表

作成日　0000年00月00日

製品名	
部位	
対象機種	

名称	機能	故障モード	故障影響	故障原因	重要度（対策前）				対策の検討		対策実施とその結果	重要度（対策後）			
					影響の厳しさ	発生頻度	検知難易度	致命度	対策内容	実施期限		影響の厳しさ	発生頻度	検知難易度	致命度

FTA図

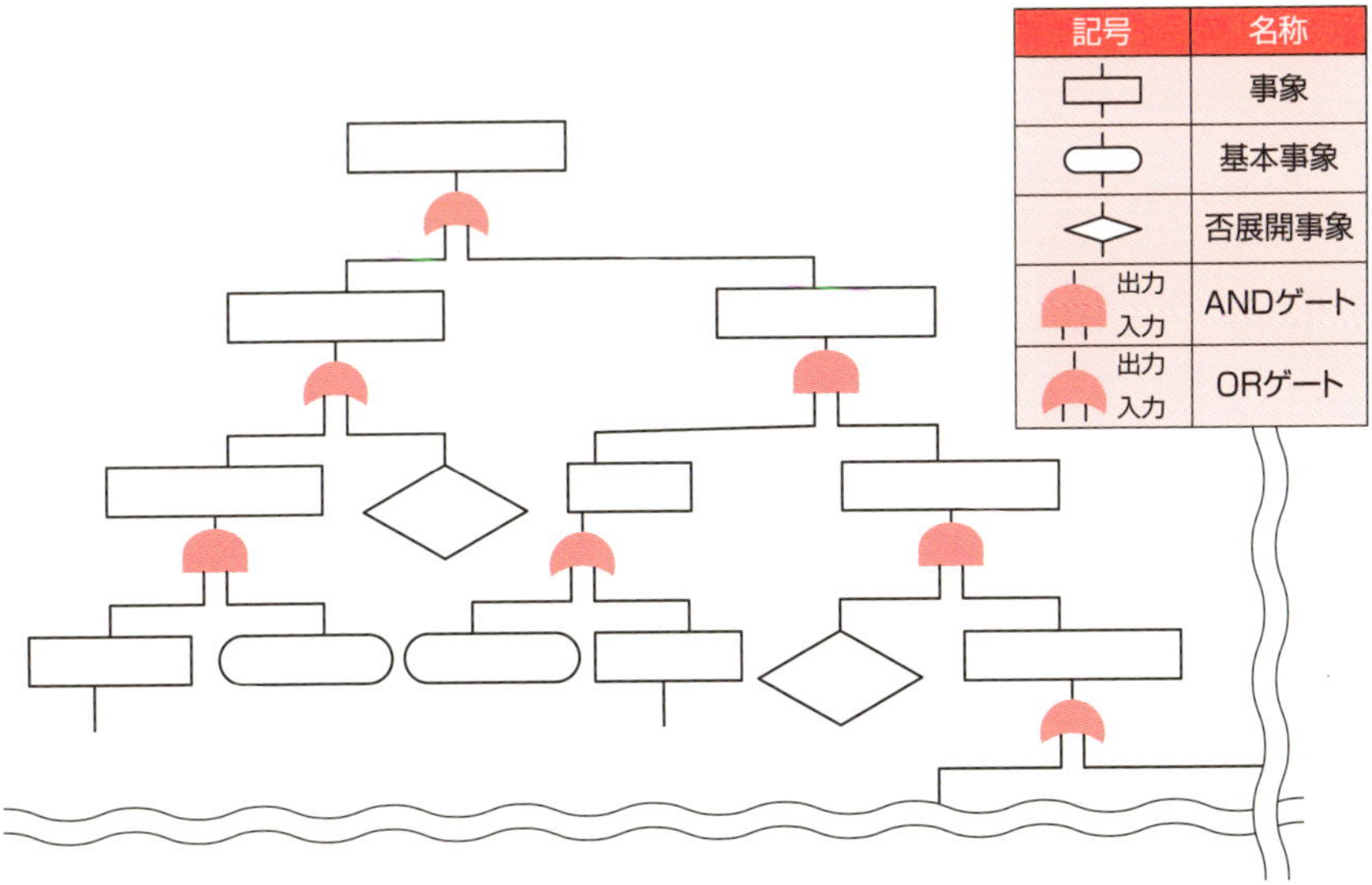

用語解説

AND／ORゲート：論理ゲートの主要な2つのゲート。ANDは論理積で、たとえば2つの入力があるとき、2つとも入力があったときのみ出力があるゲートを言う。論理式ではOUT＝IN1×IN2。ORは論理和で、2つの入力のとき、どちらか入力があれば出力があるゲートのこと。OUT＝IN1＋IN2

52 設備レイアウトは安全では最重要事項

3次元の視野で見る

　設備レイアウトは生産性の面で重要ですが、それにも増して安全面では最重要事項と言えます。加工設備には材料を供給する搬入設備、加工終了後に設備から製品を取り出す搬出設備、同時に発生したスクラップを排出する設備が配置されます。しかし、引っかかりなどで搬入・搬出が適正に行われないと、安定した生産が行えません。そのため、作業者が引っかかったモノを取り除く動作が必要になります。

　このとき、引っかかり具合や引っかかったモノの鋭利形状、重量、温度などにより、保護具の選択や取り除き方の的確さが問われます。しかし、こうした動作は非定常作業であるため、ともするとその動作が設備設置時点で十分考慮されていないことが考えられます。したがって、搬入・搬出設備のレイアウトがしっかり検討され、搬送用ガイドなどの設備部品レイアウトも同様に配慮される必要があります。

　また、作業者が設備操作や材料の位置決め、抜き取り検査時に作業がしやすい通路や作業エリアを確保することも大事です。鋭利な部分との接触や、床の配線ピットなどでつまずきが起きます。このほか、空調装置や局所排気装置などのレイアウトも、作業のしやすい配置にしないと熱中症や肺・気管支への影響が危惧されます。

　レイアウトは、平面のみでなく空間も含めて立体的に検討すべきです。さらに、天井付近のホイストや地下のコンベア設備なども考慮に入れた設備間レイアウトの検討が望まれます。

　一例としてライン間およびショップ間、トラックヤード間のレイアウト、そしてライン間および製品倉庫間、トラック積載間の搬送レイアウトについても留意したいところです。また、フォークリフト運送通路レイアウト（搬送レーン設置）やトラック荷捌き場レイアウト（タラップ）は特に重要です。

要点BOX

- ●設備間など材料の流れの視点から安全なレイアウトを選択することが重要
- ●人と設備、人と材料との関係を明示する

単体設備を中心とした設備レイアウト

用語解説

局所排気装置：グラインダー作業のように有害物質が発生する発生源近くに設置し、高濃度状態で吸引しフィルターなどで清浄化後に屋外へ排出する

トラック荷捌き場：トラックの動線と走行路面、駐車マス、荷卸し場の段差、トラック入口開口高さ、仕分けスペース、騒音排ガスなどを当初から検討し、安全も含めた整然とした流れとする

53 社外からもMP情報を集めて織り込む

MP情報は設備安全の宝物

MP（Maintenance Prevention）とは保全予防のことです。自社で経験した安全に対する問題点を新たに設置する設備に反映し、災害をなくすためにMP情報を収集して活用します。自社工場に既設されている設備と同じ設備を新設する場合は、既存設備の安全衛生に関する問題を記述したMP情報を収集し、設備の仕様に反映します。

反対に、今まで設置したことがない新しいタイプの設備を導入する場合は、同設備の安全問題を他メーカーや設備メーカーからMP情報として入手します。そして、社内外から入手したMP情報からその問題に対する解決方法を各種検討し、設備仕様に盛り込みます。

このとき作業者や保全マンに、安全に関して心理的な負担をかけないようにすることが肝要です。類似設備を新設する場合は、異なる部分とその接続部分（機械、電気、制御、基礎など）の安全を検討することになります。MP情報を反映して設計することをMP設計と言います。

MP情報の内容は、設備に起因する災害の不具合を、作業者や保全マンの視点から提起し改善したものとします。具体的には、不具合発生期日や設備名、不具合内容、故障の解析、復旧時間、対策内容、MP情報発行者名、略図、写真などで構成されます。

必要に応じて、外部メーカーからの報告書や参考資料を添付する場合があります。重要なことは、設備設計者や仕様書作成者に理解してもらい、新設した設備が不具合なく稼働することです。

仕様書を作成した生産技術者はその後、仕様が設計に織り込まれているか、承認図確認や承認図検討会などで状況を確認する役目を担います。設備新設プロジェクトでは、MP情報の提出件数がプロジェクト活動の指標の1つとして用いられます。

要点BOX

- 自工場以外にも自社他工場や調達先企業、設備メーカー、販売先企業から収集して層別する
- 安全衛生に関するMP情報は最重要

MP情報の例(帳票)

MP情報

平成○○年○月○日 提出

工場	●●●	職種	▲▲	報告者	□□
発生設備					
区分	①経済性 ⑤安全性	②生産性 ⑥環境性	③操作性 ⑦その他	④保全性	
問題点					
対策					
設計部署・生産技術部署・安全部署への依頼事項					

MP情報の織り込み先(仕様書・承認図・取扱説明書)

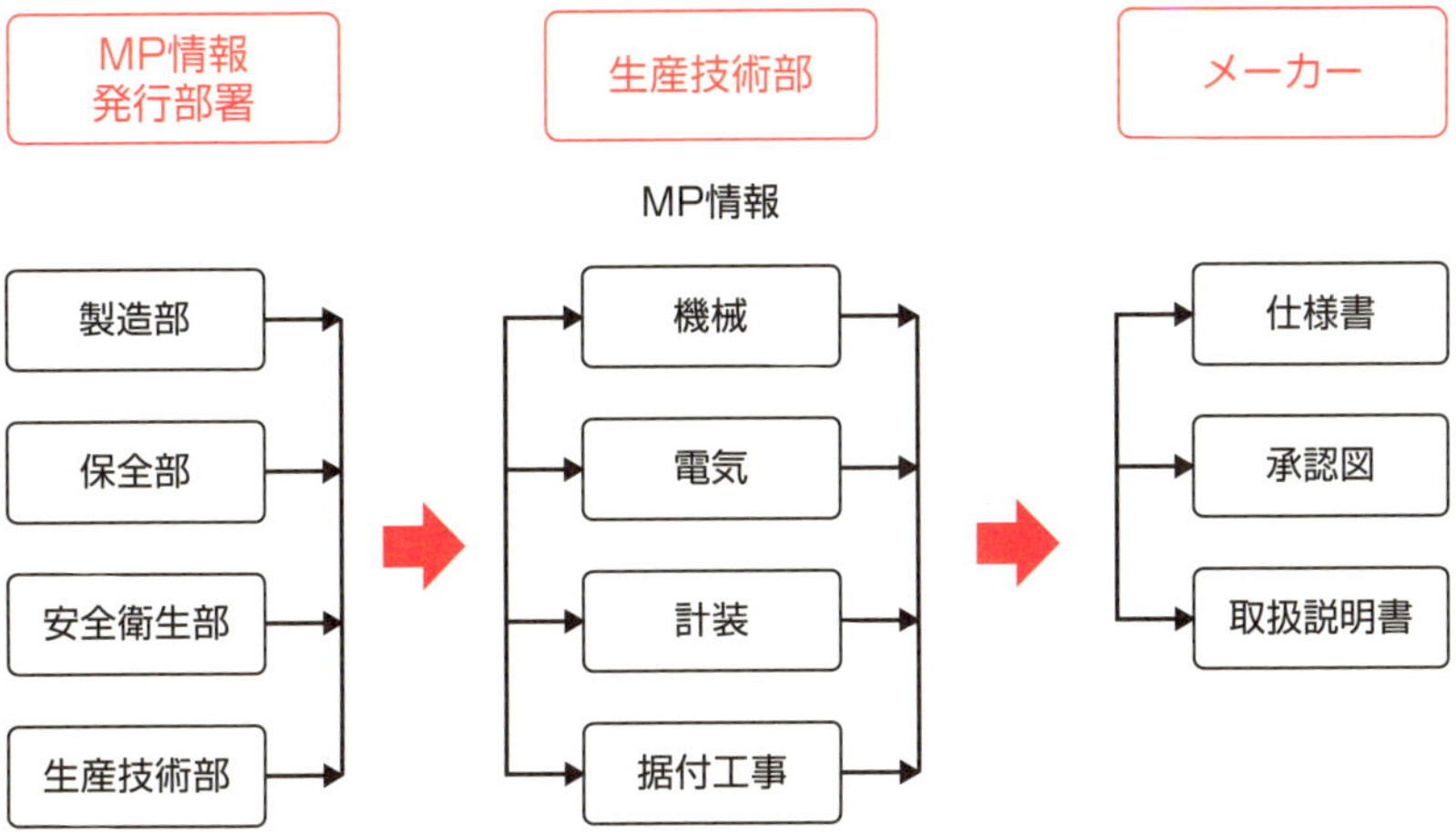

用語解説

MP設計:保全をしなくてもよい、あるいは保全しやすい設備とするため、過去の故障を解析して設計に織り込み、故障を起こさなくする設計を言う。安全性についてももちろん設計に織り込まれる

承認図検討会：設計部署から提出される設備図面を設計者や生産技術者、保全マン、作業者、安全担当者が議論し、MP情報の織り込みを含む問題点を顕在化して解決する手段を検討する場

54 ロックアウト・タグアウト

自分を守るために他人に働きかける仕組み

設備や装置の点検時や修理・改善する際に、設備を停止させます。このとき電気・機械・油圧・空気圧・熱・化学薬品などのエネルギーを遮断しますが、制御盤の電源用押しボタンスイッチや切り替えレバー、バルブ用回転レバーを操作して「切」とします。しかし、工事中であることを知らない他の人がスイッチを操作して設備を起動させると、保全作業が継続していた場合に危険で、災害につながります。

また、複数人で1装置の保全作業を行うときに、たとえば高所や地下での作業中に連絡が困難な場合、誤って作業終了と判断してエネルギーを「切」から「入」に変換する危険性が挙げられます。そのため、スイッチ操作を行えないようにキーでロックします。キーロックおよび解除と作業中のキー保持は、保全作業者自身が行います。これをロックアウトと呼んでいます。

さらに、ロックアウト用のキー管理システムとして、複数の錠にキーが共通で1つの場合を同一キーシステム、複数錠にそれぞれキーが用意されると同時に、1つのマスターキーですべて使用できるマスターキーシステム、さらに同一キーシステムとマスターキーシステムを組み合わせた複合システムがあります。

一方、タグアウトとはエネルギーの遮断中に、装置を操作して遮断を解除しないよう、スイッチに警告用の標識タグ（札）を取り付けることを言います。タグには、「操作禁止」「通電禁止」「解放禁止」などの文言で表示します。

米国労働安全衛生庁（ＯＳＨＡ）は、機械の保全作業中に設備の電源が入ることによる災害防止のため、ロックアウトすることを規定しています。また、米国規格協会（ＡＮＳＩ）はロックアウト・タグアウトの安全要件を規定しています。これは、ＪＩＳに同様に規定されています。

要点BOX

- ●ロックアウトは、他人が電源を入れないようにスイッチなどに鍵をかけること
- ●タグアウトはスイッチに警告札をかける

ロックアウトのイメージ（マスターキー・複合システム）

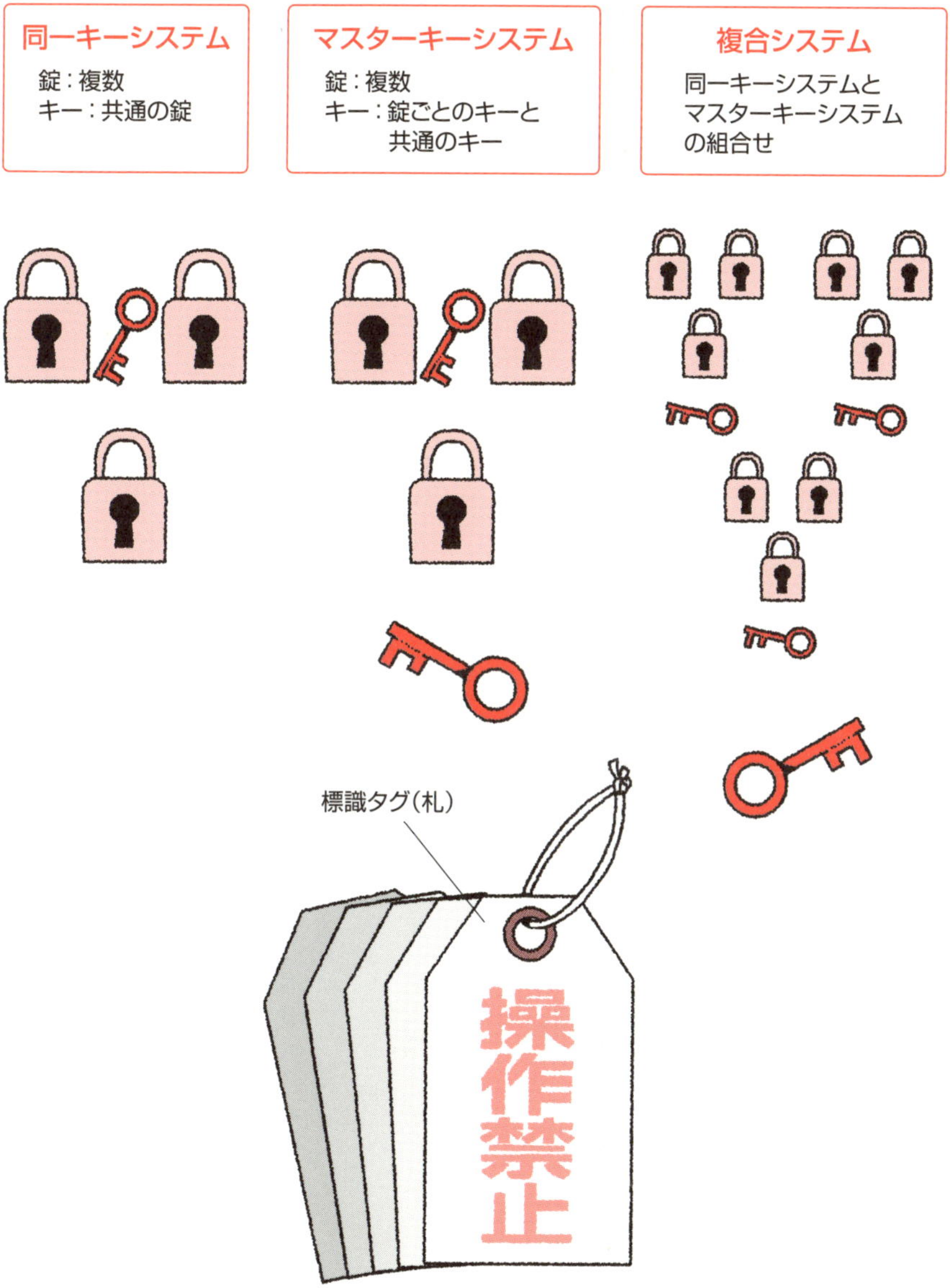

用語解説

OSHA（労働安全衛生庁）：米国労働省の機関。1970年アメリカに安全衛生法（安全で健康な職場を提供し、人的資源を守ることを保証する）が成立し、この法律により労働者の安全と健康を守るために設立された

ANSI（米国規格協会）：米国で工業分野の規格制定・開発を行う。日本の日本工業規格（JIS）に相当する

55 3ステップメソッド

設備安全の3原則とレベルアップの方法

　大前提として、人はミスをする生き物であり、設備は故障をする、絶対的な安全はない、ということを肝に銘じておきます。設備安全の3原則として、①本質安全の原則：設備に危険な状態・危険源がない、②隔離の原則：危険源を安全柵などで囲み、危険源に近づかない、③設備停止の原則：人が設備の可動範囲に入ると設備は停止する、ことを徹底しましょう。

　設備安全を進化させる手法を以下に紹介します。

◆第1ステップ：設備の本質安全化

　接触すると切創するような鋭利部や突起部、薄板形状部は設けず、はさまれるような隙間を設けないことを心がけます。打撲を受けないよう動作エネルギーを少なくしたり、感電しないよう低電圧にしたりします。高温度や放射線・危険薬品も使用を控えます。そのほか、作業しやすい操作機器配置や異常に気づいた際の再起動防止装置、冗長化、二重化回路、故障低減のための信頼性向上を図ります。

◆第2ステップ：安全防護と付加防護

　安全防護には安全柵や安全囲い、ガード（固定式とインターロック式扉がついた可動式）があります。保護装置には光電管を使ったライトカーテンやレーザー光線を使ったスキャナー、マットスイッチも用意されています。ロボットティーチング時のイネーブル装置（レバーを握ったときのみ信号が流れる）、両手操作ボタン装置（プレス起動に使われる）、ホールドツーラン装置も知られています。付加保護は安全手摺りタラップ、非常停止装置、エネルギー遮断装置などがあります。

◆第3ステップ：作業上の安全情報

　警報装置や保護具、安全標識、警告ラベル、作業安全手順書、安全教育訓練などがあります。文書作成は簡潔に曖昧な表現はなくします。

要点BOX

- ●本質安全化を目指そう
- ●安全防護・付加防護の2面で対策しよう
- ●作業の安全情報を共有しよう

設備安全の大原則と3原則

設備安全の大前提

1.人はミスをする

2.設備は故障する

3.絶対安全はない

→

設備安全の3原則

1.本質安全の原則

設備に危険な状態・危険源がない

2.隔離の原則

危険源を安全柵などで囲み、
危険源に近づけない

3.設備停止の原則

人が設備の可動範囲に入ると
設備は停止する

3ステップメソッド図

設備安全をすすめる3ステップメソッド

1 設備の本質安全化

・危険源をつくらない

2 安全防護と付加防護

・安全防護：安全柵、安全囲い、ガード
・付加防護：安全手摺りタラップ、非常停止装置、
　吊り上げUボルト用ドグ、エネルギー遮断装置など

3 作業上の安全情報

・警報装置、保護具、安全標識、警告ラベル、
　作業安全手順書、安全教育訓練など

用語解説

再起動防止装置:非常停止ボタンが押されて機械運転が停止したときや、停電で運転停止した後に通電したとき、作業者が再起動操作をしなければ、起動できない装置を言う。プレス機械などに適用されている

冗長化（R edundancy）：システムに異常が発生しても予備システムが稼働、し重大事故にならないようバックアップすること。コンピューターシステムや航空機のエンジン、操舵翼制御油圧システム、鉄道ではブレーキシステムなどで実施される

56 故障を前提とした3つのF

不具合発生時に災害を小さく抑える手法

安全の世界では、フェイルセーフ（fail safe）という概念が有名です。「設備は故障する」という前提から、故障しても安全を確保するという設計の基本概念がフェイルセーフです。たとえば鉄道の踏切用遮断器の場合、停電や故障時に列車と衝突させないよう、遮断器は自重で踏切を遮断するよう下降する設計になっています。踏切の遮断装置が正常時のみ上昇作動することで、踏切を横断できます。

大型プレス機械のクラッチブレーキの例では、エアー圧供給により機械動作はクラッチ作動、ブレーキ解除します。このような動作時は、両方にスプリング圧以上のエアー供給となります。逆に機械停止時はクラッチ解除、ブレーキ作動となり、この場合は両方にエアー圧排出とスプリング圧が働きます。もし、エアー圧が漏れたらエアー圧が減少し、機械的なスプリング圧が効いて機械は停止します。

また石油ストーブの例では、使用中に地震が発生すると、ストーブが転倒して火災発生につながります。そこで転倒しそうな角度に傾斜したら、自動で火元を遮断する消火装置が作動するようなものです。

これと似た概念にフェイルソフト（fail soft）があります。装置が故障した場合に、最小限の機能を維持して続行するようにすることです。たとえば、飛行機のエンジンが故障すると墜落しますが、速度などの機能を多少落としても、そのまま飛行できるようにすることです。グライダーのように滑空できるように設計しておくことも効果的です。

またフォールトトレランス（fault tolerance）とは、装置が故障しても機能を落とさず継続運転を可能にするため、電源の二重化など冗長設計をすることです。1つの電源ユニットが故障したら別のものに切り替えて継続運転できることや、工場の電源が停電したら自動で自家発電機に切り替えることです。

要点BOX

- フェイルセーフはポカヨケのこと
- フェイルソフトとは軟着陸を示す
- フォールトトレランスは冗長化を指向

フェイルセーフの事例、プレスのクラッチブレーキ

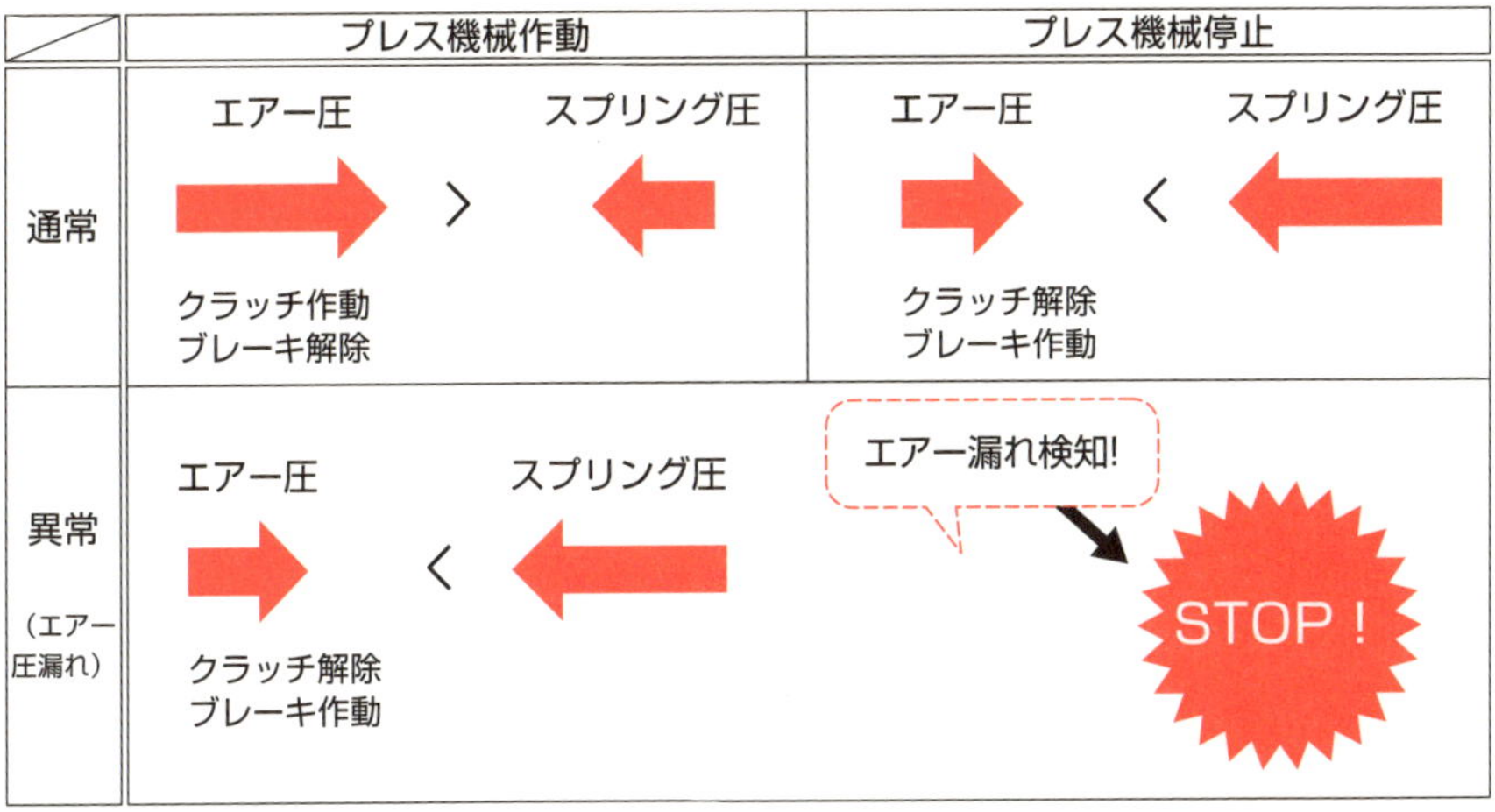

	プレス機械作動	プレス機械停止
通常	エアー圧 > スプリング圧 クラッチ作動 ブレーキ解除	エアー圧 < スプリング圧 クラッチ解除 ブレーキ作動
異常 (エアー圧漏れ)	エアー圧 < スプリング圧 クラッチ解除 ブレーキ作動	エアー漏れ検知! STOP!

フォールトトレランスの事例、2つの電源ユニット

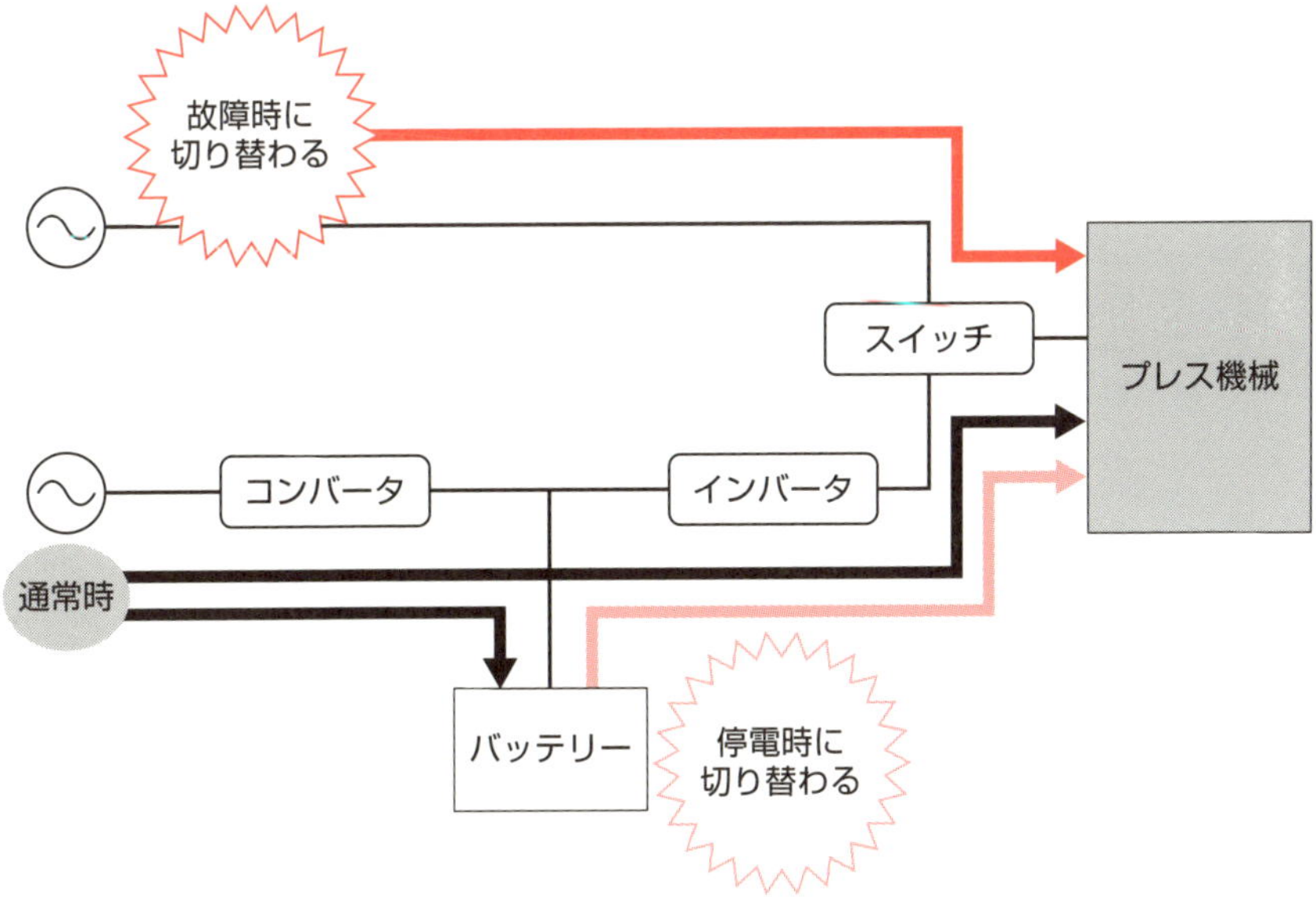

用語解説

石油ストーブ感震消火装置：地震を感知して消火装置を稼働させる。感震の種類には振り子式、重錘転倒式、落球式、鋼球揺らん式がある。消火部はしん降下式、遮蔽式、燃料停止式がある

災害用自家発電装置：自家発電装置は常用と非常用がある。非常用は非常電源、予備電源として停電時に使用される

57 据付工事の安全確保

大型設備の新設や更新据付、解体時に災害の発生が危惧されます。実際に据付作業に携わる人のみでなく、既設工場内では隣接する設備で生産活動を行っていることも多く、そこには材料や加工製品の搬入・搬出があるほか、事務部門の人も来ます。したがって、入念な安全管理が求められます。製造ラインを新築する場合の安全策を考えてみます。

①事前準備

工事に必要な事務作業所に加えて外部との連絡に必要な事務機、通信手段、洗面所を備えた休憩所、ミーティング場所、資材置き場、重機駐機場、電源、荷捌き用機材などの準備と、安全な場所の確保が必要です。実際には、必要最小限の場所を必要器材の日程に合わせ、入れ替えて管理します。

②関係者との綿密な情報管理

据付設備メーカーの作業者や据付工場の生産技術者、工場作業者、安全担当部門スタッフ、保安部門スタッフと月1回程度の情報連絡会を行い、問題や依頼事項を確実に伝えます。実務担当者間では、毎日あるいは週1回程度の安全朝礼で情報共有を図ります。必要な各種届出書と工事組織表、工事日程と安全推進日程を周知させます。

③据付工事内容の安全推進

複数の工事関係者が混在して作業を行うとき、特に天井部や地上部、壁部、地下工事が同時に行われる場合は作業場所、作業時間、留意事項、作業内容を複数の工事関係者に伝える連絡会を設け、相互に安全に留意することを伝えます。天井部でクレーン設置工事を行う際は、工具が落下して地上の人がケガをしないように留意する、また油脂を使用する付近で他の工事関係者が誤って火気を使い、火災にならないようにするなどです。仮設電源設置が不十分だと感電も予想され、工事関係者が輪番で据付作業安全巡視を徹底するのも有効です。

要点BOX

- ●据付工事はプロジェクト管理の一環として実施
- ●事前準備およびスケジュール、組織運営は安全管理の要

据付作業安全管理表示板の例

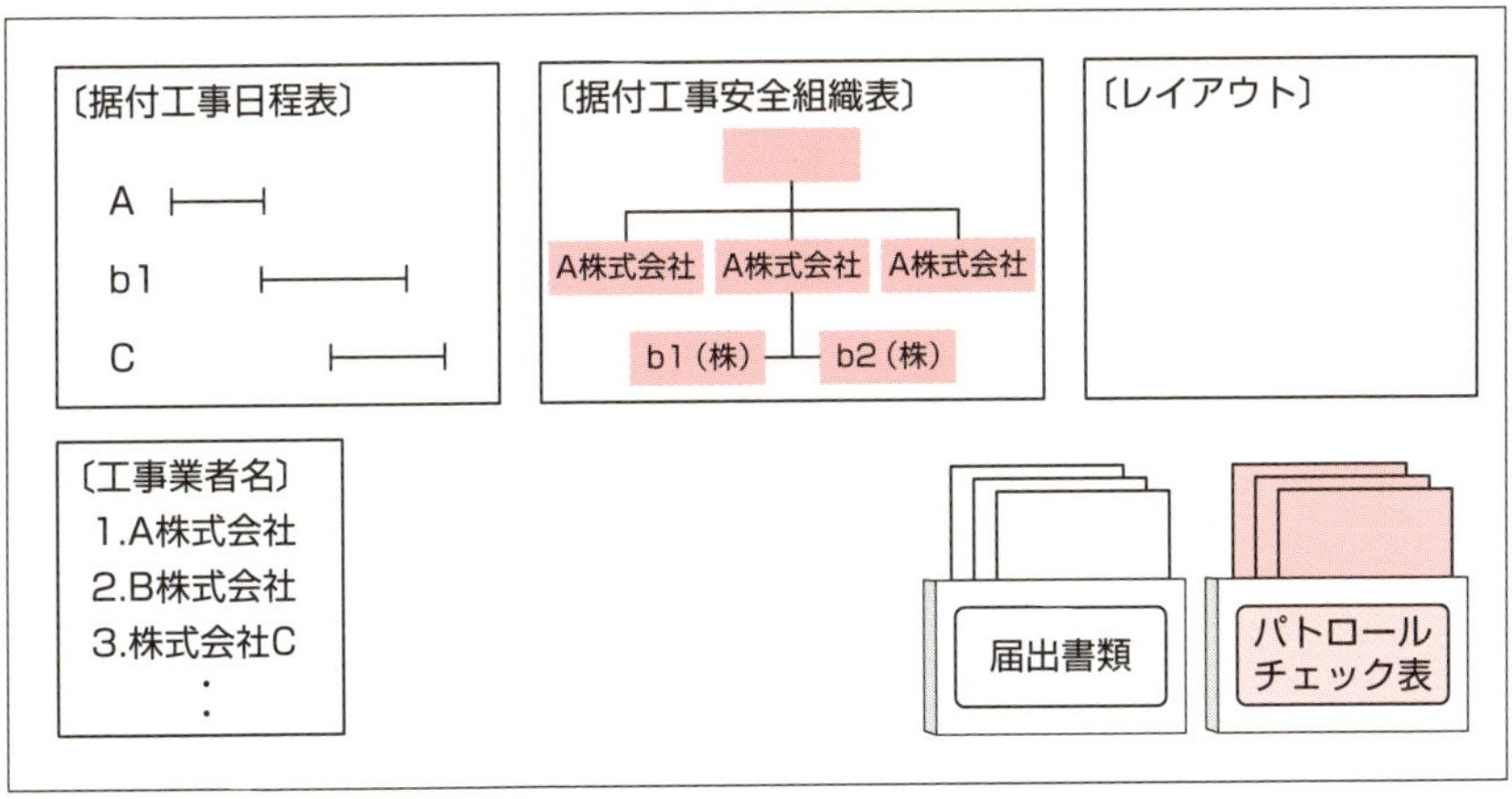

据付作業の安全巡視

安全巡視チェックリスト

現場代理人	安全管理者

工事名	巡視日	巡視者

区分	点検項目	点検結果（○×）	指摘事項	是正担当者	是正内容	是正確認日
(1)作業員・服装・保護具	①安全帯、保護面など必要な保護具を使用しているか					
	②有資格者の作業、ヘルメットステッカーは適切か					
	③熱中症対策は行っているか					
(2)一般事項・整理整頓	①第三者の立入禁止措置は行われているか					
	②仮囲いの設置状況					
(3)クレーンなど災害防止	①据付地盤の養生、アウトリガーの最大張出は適切か					
	②定格荷重、吊荷重量、据付位置は適切か					
	③障害物、架空電線の養生、明示がされているか					
(4)墜落転落災害防止	①足場板の固定(3点支持)は適正か					
	②必要箇所に落下防止ネットがあるか					
	③安全帯の使用、取付施設(必要箇所)は適切か					
	④梯子、脚立の固定状況は適切か					
(5)飛来・落下災害防止	①上下作業が行われていないか					
	②安全ネットの設置は設置されているか					
(6)電気災害防止	①分電盤の施錠はされているか					
	②通路上配線の防護状況は適切か					
[備考]						

用語解説

安全朝礼：毎朝、作業前に全員が参加して、職場の規律や安全意識を自覚し、作業前の心構えを確認して一体感を醸成する。実施内容は呼びかけや点呼、全体挨拶、指示伝達、調整、体操、安全ワンポイント宣言など

据付作業安全巡視：複数の据付作業の業者全員がチームをつくり、週1回程度据付作業現場を点検する。基礎工事。機械設備・電気工事など異なる業者の混成チームとすることが、新たな潜在的不安全作業を掘り起こすきっかけとなる

58 立ち合い検査・動作試験の実施

安全面にこだわってチェック

安全な設備を導入するために、設備の立ち合い検査は大変重要です。立ち合い検査は各種があり、日程順にメーカー中間立ち合い検査、メーカー立ち合い検査、各種社内立ち合い検査があります。

メーカー中間立ち合い検査は、各種仕様書や設計図面に基づいた承認打合せ通りに実施されているかどうかを、大型部品が製作された時点か、外部調達する重要ユニットなどの入荷時点に現物で確認するものです。特に大型駆動ユニットなどは、設備本体に組み込まれた後では見ることができず、保全の作業時間や効率、安全などが不十分になることにつながります。制御装置などは別工場に置かれている場合もあり、日程を含めて確認することが必要です。

メーカー立ち合い検査は、検査前に事前に規定した試験検査報告書の提出を求めています。報告書で問題がなければ、本検査を省略することがあります。対象設備がメーカーの標準品や量産品であるか、他設備との組合せや制御がない単体設備の場合に該当します。

メーカー立ち合い検査の重要な点は、実際に組み上がった状態での規定の精度や機能、動作速度、操作・点検・安全関連が十分か、残工事がどの程度かです。したがって、メーカー工場で実施しなければならない事項を詳細に確認します。検査は外観・精度・機能・安全検査について行われます。検査実施要領に基づき、チェックシートでデータを記録して検査します。この結果により、自工場に搬入の可否を判断するのです。

社内立ち合い検査は、自工場への搬入・組立後に実施するものです。特に動作試験が重点的に行われ、耐久試験や負荷試験、各種の材料使用やいじわるテストも実施されます。設備不具合と完成図の修正についても確認します。また、作業者・保全マンもこれらの検査に参加します。

要点BOX

- ●MP情報がどの程度織り込まれているかを確認
- ●検査内容は潜在不具合を顕在化する手段を織り込む（センサーおよび検出手段）

各種立ち合い検査などの流れ

検査の流れ	検査の内容
（1）メーカー中間立ち合い検査	大型部品の製作完了時、重要ユニットの入荷時に各種仕様書や承認図などの通りになっているか
（2）メーカー立ち合い検査	・メーカー内での設備完了時に①外観検査、②精度検査、③機能検査、④安全検査などのうち、主要な項目を満たしており、据付可能かどうか ・標準品、量産品、単体設備の場合には試験検査報告書で検査し、立ち合い検査は省略
（3）社内立ち合い検査	ⅰ)自工場の搬入、組立後に①外観検査、②精度検査、③機能検査、④安全検査などを実施 ・製品組立完了時に規定の精度、機能、動作速度、操作・点検・保全などは要求を満たしているか ・残工事の期間はどのくらいか ⅱ)耐久試験、負荷試験のほか、各種の材料使用やいじわるテストをクリアできるか ・設備不具合と完成図書の修正を確認

立ち合い検査の主な種類

外観検査	精度検査	機能検査	安全検査
組付、溶接、配線、配管などを目視などで検査	平行度、停止位置、精度などを測定値で判定	機械を動作させ、既定の能力、速度などを測定し判定	安全、機能の検査
	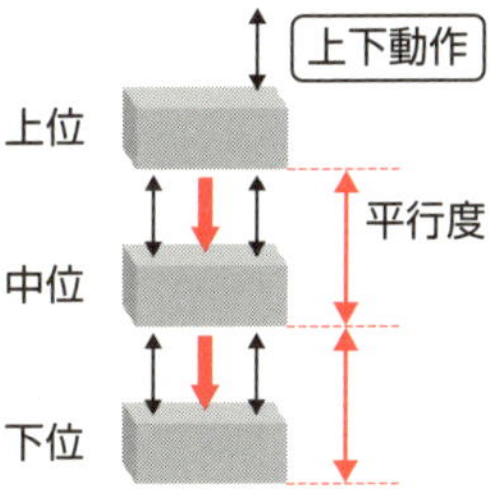 ↕のデータを測定し、基準と比較	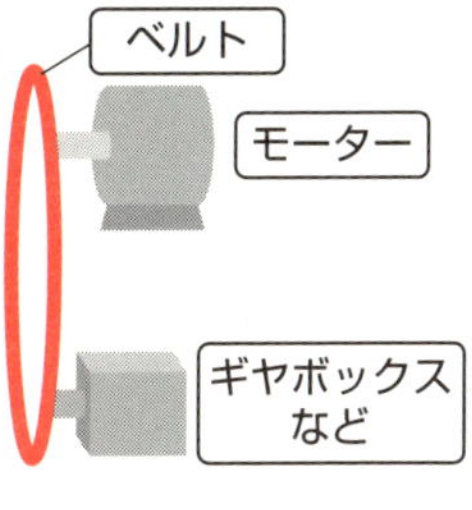 回転数、振動、温度などの測定	その他 耐久試験、負荷試験、いじわるテスト

用語解説

試験検査報告書：ここで言う試験検査報告書は、大型設備メーカーで行う試験検査の報告書で、メーカーの自主的な試験検査内容だけでなく、ユーザーが指定する固有の試験をメーカーで実施する報告書である

いじわるテスト：メーカー立ち合いの下、ユーザー工場で新規設備を一般的な使用状態で正規・耐久テスト、誤操作テスト、誤品テストなどを行い、制御回路や安全防護システムを確認する。このいじわるテストの内容を十分に事前検討することが重要

59 設備初期流動の重要性

安全確保と早期立ち上げを両立

新規設備や新設ラインは精度検査、機能検査、耐久試験、安全検査などが実施されます。そして規定の条件を満たした後、企画立ち上げ部署から製造部署に移管され、号口生産（量産）が開始されます。このフローは設備初期流動管理と呼ばれています。

生産量や種類について、量産時や段取り替え時の潜在的な問題を掘り起こすことを考慮した初期流動の生産計画を立てます。一定量生産した後に問題点がないかを確認しつつ、次第に生産量と生産速度を引き上げ、動作・停止位置の精度や駆動部などを計測確認しながらフル能力まで順次生産を継続します。

当然、各種自動化装置との連動や作業者とのマッチング、量産時の確認、各種標準書と実作業との整合性、安全性、作業姿勢など問題を顕在化します。特に量産時の複雑動作における安全装置や、作業者・保全マンの安全動作の問題点は念入りに観察します。毎日、作業終了時にその日の問題点を列挙し、担当者と対策方法・納期を決めてフォローします。このイベントは夕市として行われる場合もあります。

設備やライン近傍の広場で、大きな掲示板を用いて各種データや安全問題、生産性問題などを示し、実際の生産を担当する製造部が主宰しつつ生産技術担当が改善・対策を行います。これには、生産指示情報や現状の不良、生産量状況などを示す「あんどん」による生産情報、ライン設備に付設される各種センサーによる設備診断情報も含まれます。

生産開始時の少量生産から順次生産量を増やし、目標とする当初生産計画までの期間を短く、競合製品に先駆けて市場に出すことは市場シェアの確保に非常に有効です。この期間をできるだけ短くする取り組みが、垂直立ち上げと呼ばれる活動です。

要点BOX

- 初期流動管理の上手さが、その後のラインや設備の安全性、安定性を左右する
- 垂直立ち上げで市場対応力を磨く

初期流動対象設備の模式図（本設備･搬送設備･あんどんなど）

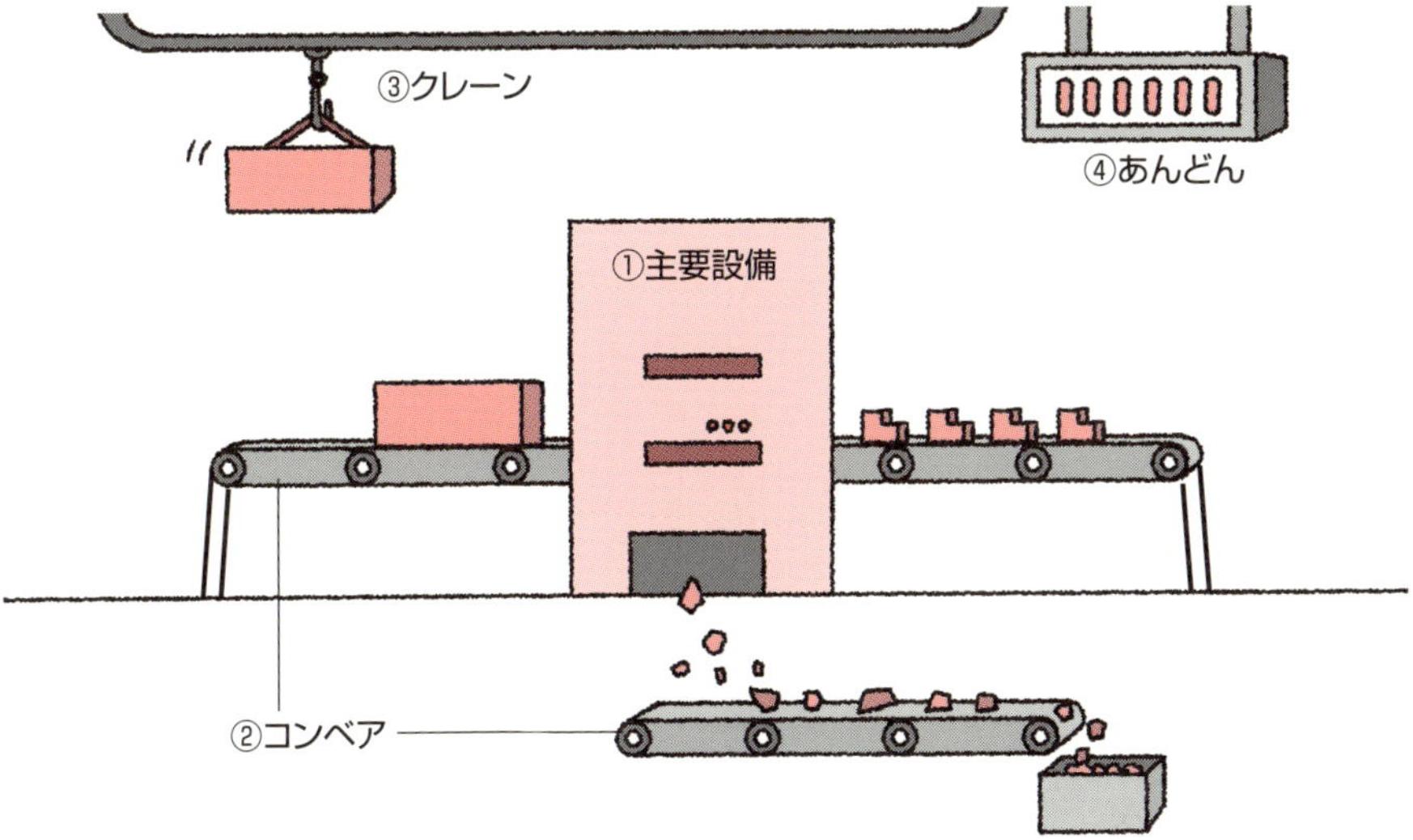

整斉としたラインをつくるために①主要設備のほか、②コンベア、③クレーンなどの搬送設備、④あんどんなどの情報設備を初期流動の対象設備とする

垂直立ち上げのイメージ

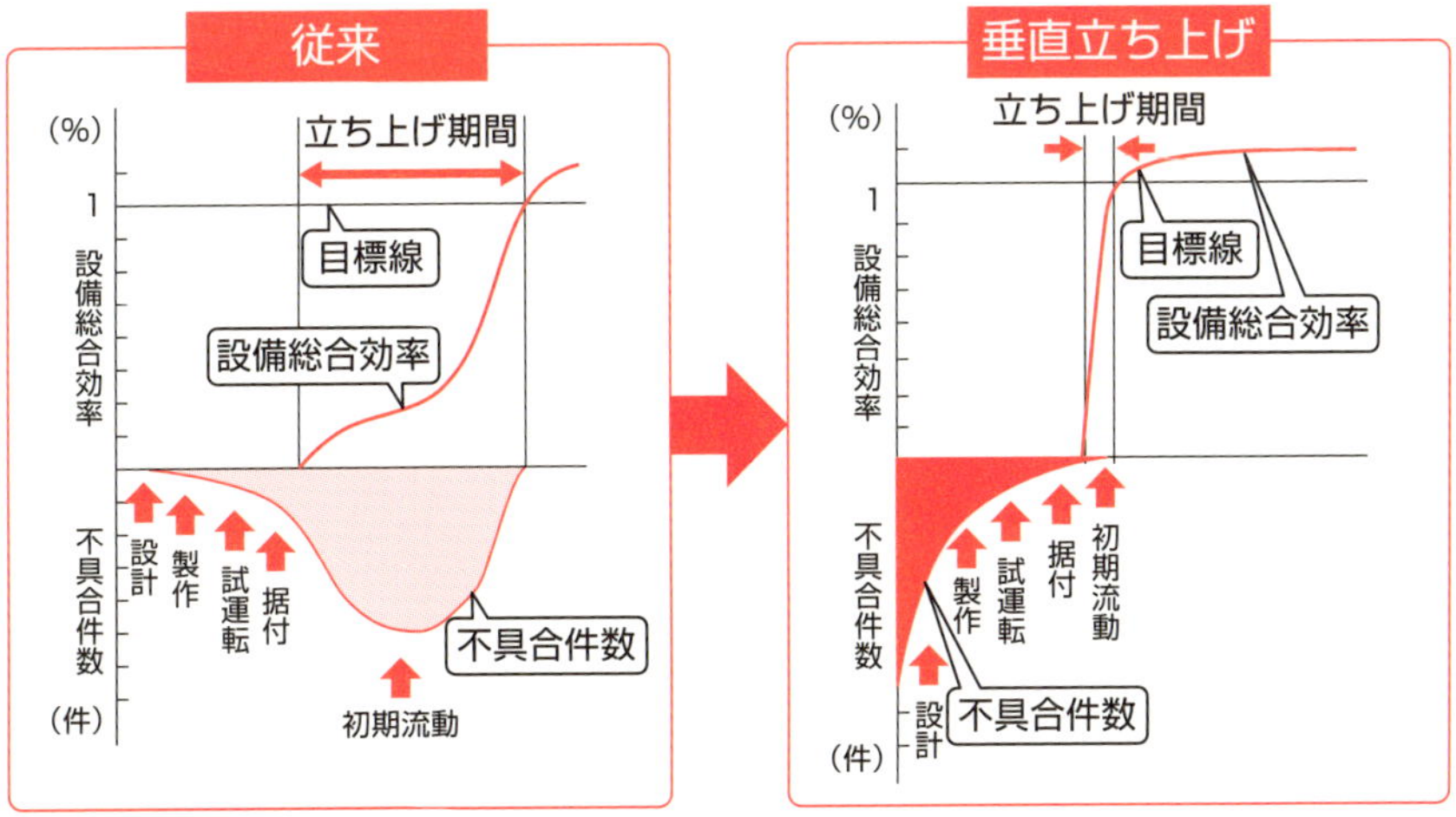

用語解説

市場シェア：市場占有率のこと。市場規模に対する販売金額や販売数の比率を言う。市場シェアを高めると、その市場に対して影響力が増す。また、顧客の囲い込みがしやすくなる

モデルチェンジ：自動車や家電製品などで工業製品を設計から変更し、市場に投入することを指す。大幅変更の場合をフルモデルチェンジ、少ない変更のときはマイナーチェンジと言う。新たな需要喚起や新技術投入などが図られる

60 トヨタのT-VAL

科学的な作業負担度評価による改善

トヨタの車両組立作業の基本的な考え方として、以下の4つが挙げられます。

①働く人の動機づけを高める
②働く意志のある誰でも働くことができる工程
③働く意欲につながる自動化
④働く人が決適に作業できる環境

これらを達成するためには、基本的な作業負担を下げる必要があります。

トヨタが進めているT-VAL（TOYOTA VERIFICATION OF ASSEMBLY LINE）は、トヨタで定義された作業負担度評価方式で、特に組立工程向けに開発され活用されています。作業負担度の評価には、生体負担度式に基づいた自転車エルゴメーターによる筋負担度テストがあります。この筋負担度テストに車両組立負担度を換算し、作業負担度評価計算式に代入して求めた値をT-VAL値とするものです。

実際に約2500種ある組立作業で測定し、評価した作業負担度のうち優先順位をつけて取り組みます。具体的にはT-VAL値50以上を最優先に、35以上を改善対象として選定し対策しています。

主な改善内容は、蹲踞《そんきょ》姿勢による重量物取り扱いには簡易リフトの設置や搬送補助装置の考案・設置、作業者を車両内に移載する装置、車両の動きと同期する組付機の開発につながっています。この評価方法は、国内だけではなく海外の工場にも展開されています。

今後、新しい生産ラインを構築する場合は図面段階でこの評価を行い、基準値をオーバーしている場合は改善を行わなければなりません。これにより、初めて作業する新人や女性の作業者にも作業しやすく、作業習熟も速く、作業ミスも減少し、生産性の向上に寄与することができます。自社にマッチした作業負担度評価方式の開発が大切です。

要点BOX

- ●数字で示された作業負担度により改善の要・不要の判断が容易になる
- ●ライン構築の図面段階から改善に着手できる

生体負担度曲線

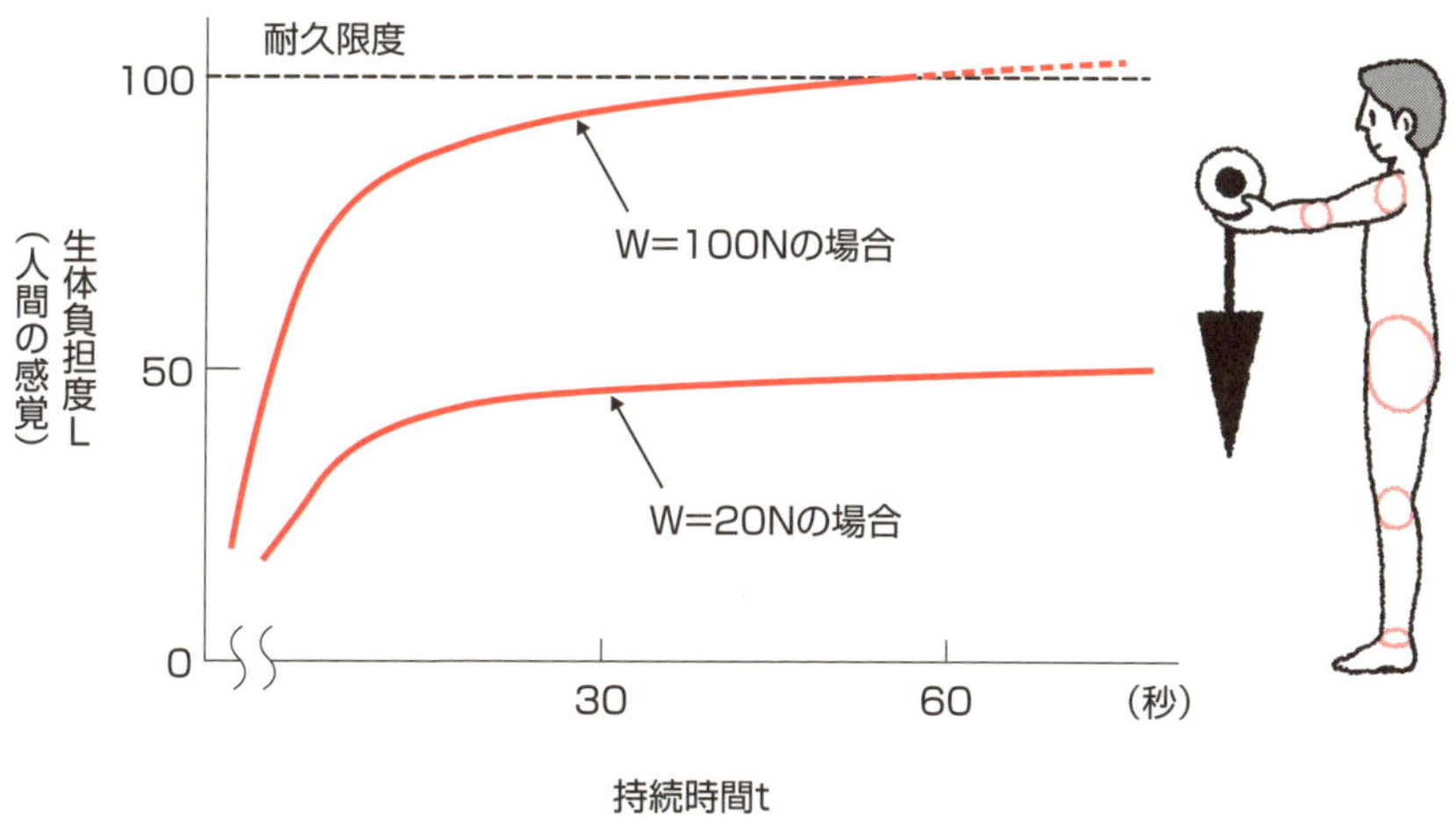

車両組立の作業負担度評価

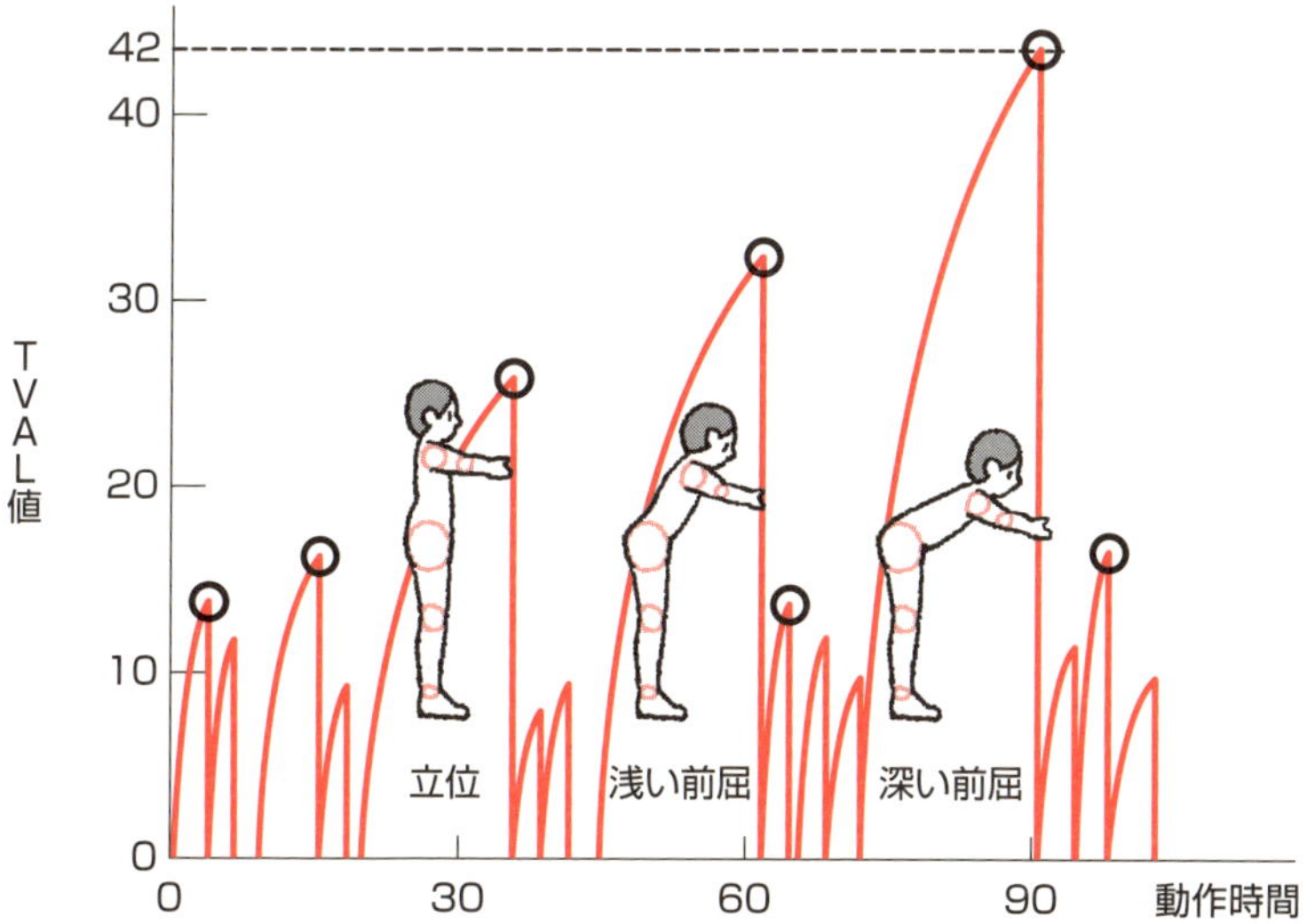

用語解説

生体負担度評価式：L=A log（T）+B log（W）+Cで表される。L=生体負担度、T=作業持続時間、W：作業負荷、A・B・Cはそれぞれ係数となっている

自転車エルゴメーター筋負担度式：L= 25．51log（T）＋117．6log（WB）－162．0 で表される。L=筋負担度、T=作業持続時間、WB=ペダル負荷となっている

Column

工場·設備のカラーリング

トヨタ自動車九州の宮田工場は、設置周辺の里山環境に沿った工場色彩を施し、大きな工場特有の圧迫感を周囲に感じさせないように留意しています。一方、塗装工場廃棄ダクトは、塗粒漏れなどによる異常排気が外部からよくわかるよう、ダクトを黄色に塗装してあります。

工場内設備については、トヨタ田原工場の第2プレスショップで大型設備は白色に塗装され、清潔感を醸し出していました。もし設備に油漏れなどが発生したら、ひと目でわかるため、放置せず油漏れを修理することにつながります。工場作業者も、明るく塗装された設備に囲まれると、ストレスも少なくなるようです。

豊田自動織機の大型プレス工場増設部のメイン柱などの色彩はカーデザイナーの配色担当者が参加していました。また、別工場の制御盤組立工場の女性担当ラインの色彩は、専門デザイナーの複数案に対して女性作業者も参加して決定されました。たとえば床は濃いブルー、壁はピンクの帯状塗色、設備色はクリーム色とし、女性仲間でも明るく清潔感があり、穏やか感があることで人気でした。何よりも威圧感がないのが長所でした。

デザイナーが多用するカラーイメージスケール（縦軸soft～hard・横軸warm～cool）や、Hue&Tone（色相と色調）システムを考慮したカラーリングは、工場内外の視覚性に影響を与えるようです。

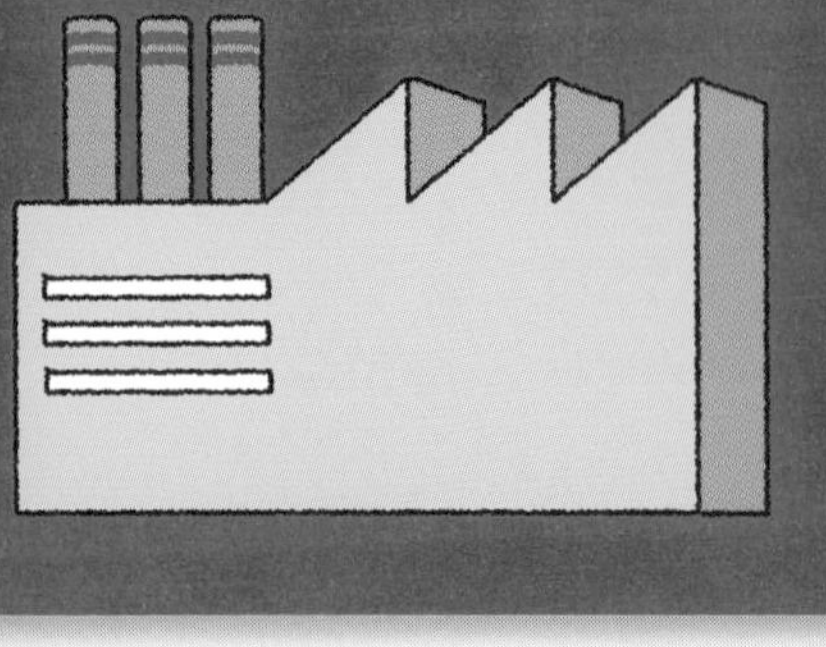

第8章

安全レベルを引き上げる人づくり

61 安全道場の積極展開

精神性も含めた身体的な安全感覚を研ぎ澄ます

道場とは、そもそも「仏道修行の場」を指しています。その後、剣道や柔道などの「武術の稽古場」として定着してきました。現在は、「人材育成の場」という意味でも使われるようになっています。

安全道場は安全に対する教育訓練施設として、工場敷地内の倉庫などを整理整頓したり、既存工場内の一部を区分けしたりして設置することが多いです。その目的は、ケガの発生が危惧される現場作業者などに対して、不安全箇所や不安全行動の認識と改善案の創出を高める狙いです。ほかにも、安全に関するリーダーシップ力を伸ばし、災害撲滅に役立てることが挙げられます。

教育訓練の内容としては、法令などの知識習得の講座、安全作業のための実技講習、危険感覚の覚醒喚起のための危険体感などで構成されています。たとえば安全分野では、①はさまれ・巻き込まれ、②切創、③擦れ、④墜落、⑤モノの落下、⑥火傷、⑦つまずき・転倒、⑧感電（高圧電気）について実際の設備同様に直接体感することで、危険感覚を研ぎ澄ますようにしています。

衛生分野では、⑨腰痛、⑩難聴、⑪振動、⑫照度・光度について、実体験を通じて感覚を養います。各種保護具の使い方を学ぶほか、防火（静電気爆発・油脂引火）や防災（製品・機材の転倒）の観点からの対処法も身につけることもあります。

また、安全道場には不安全摘出通路が設けられています。工場内を模した作業場に、さまざまな危険箇所を模擬的に散りばめた通路を設置したものです。安全教育を実施した後、その通路を通ってもらって、どの程度不安全箇所を摘出できるかチェックするために使います。摘出件数が規定数を満たさないと、安全衛生教育修了書が発行されません。危険箇所の種類は毎回更新されます。これにより、危険箇所の摘出感度の高まりを確認するのです。

要点BOX

- ●座学、実技、訓練、体感教育を総合実践する場
- ●新人・中堅・リーダー・管理監督者・免許取得者など職位別に教育を集中実施

安全衛生体感項目一覧

分類	NO	項目	主な訓練内容例
安全	①	はさまれ、巻き込まれ	扉·プレス·回転ドリル·回転ローラ·一回転Vベルト·チェーン
	②	切創	切断カッター·薄鋼板
	③	擦れ	ヤスリ
	④	墜落	高所作業·脚立
	⑤	モノの落下	運搬·移動
	⑥	火傷	鋳造·熱間鍛造·溶接
	⑦	つまずき·転倒	階段·傾斜床·床上配線ダクト·床溝グレーチング
	⑧	感電	高圧電気
衛生	⑨	腰痛	重量物·作業姿勢
	⑩	難聴	騒音暴露
	⑪	振動	振動工具
	⑫	照度·光度	検査照度·溶接光輝度

不安全摘出通路のレイアウトの例

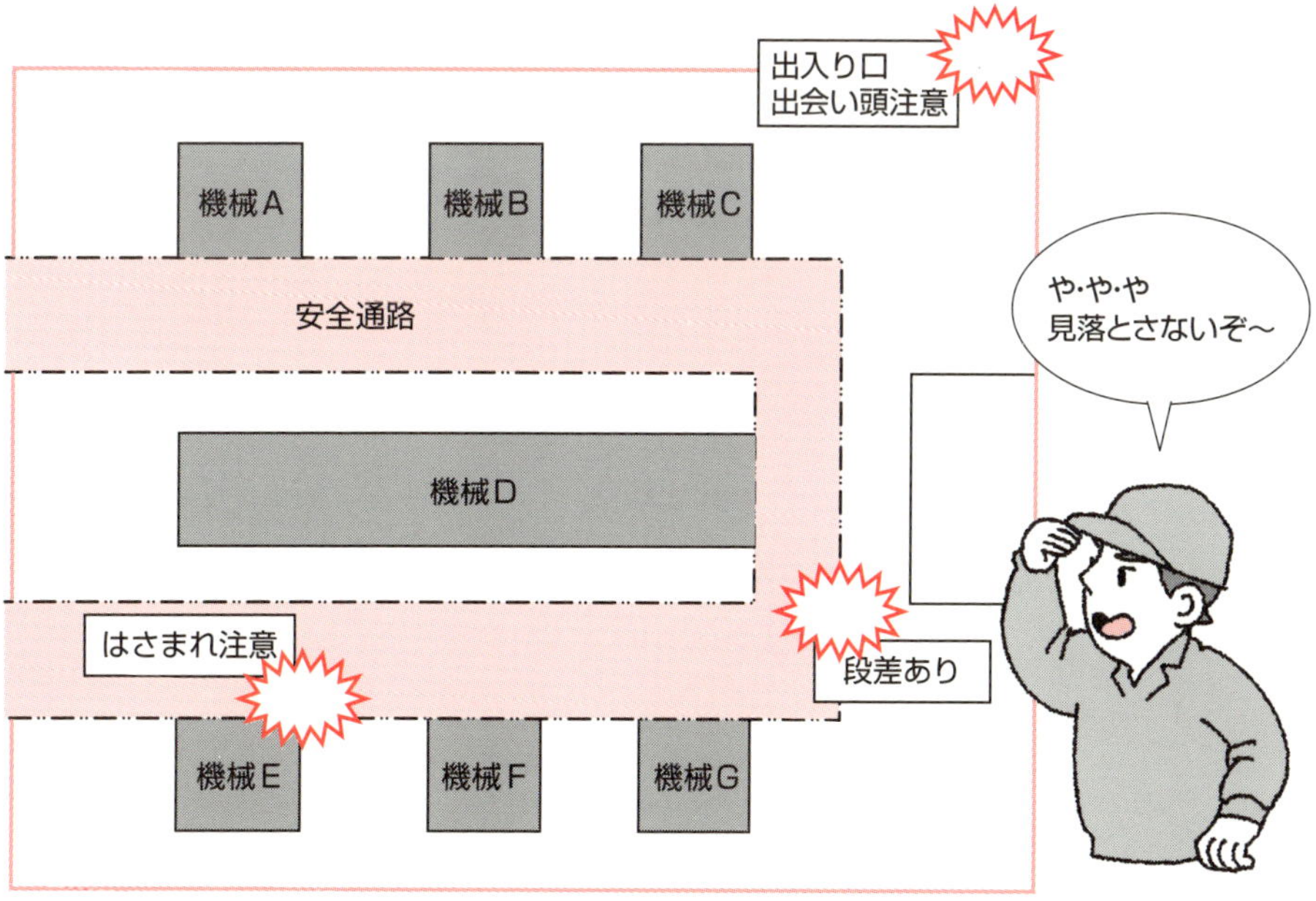

用語解説

安全衛生体感：自動化の進展で、作業の慣れや不安全箇所の潜在化が進んでいる。こうした不安全・不衛生に関する感受性を高め、的確に対応できる能力をつけるため、危険な状態を模擬的に経験すること

安全衛生教育修了書：登録された技能教育機関が発行する修了証明書に加え、企業独自で発行するもの。一定期間経過後の再教育などに使われる。リーダー選定や各種評価時にも活用される

62 安全指南役・安全師範とその資質

バランスのとれた強固な安全意識が成功の鍵

昔、中国では軍が進撃する際、常に南方向を示す「指南車」という、現在のコンパスに相当する「からくり車」を使い、進撃方向を把握していたそうです。そこから由来して、指南役とは正しい方向を示し、指導する役割の人を言っていました。現在では、思想や理論のみではなく、実技や実務にも強い指導者のことを指す場合が多いようです。

安全指南役とは、長年の経験に基づき、多くの知見と実務能力を兼ね備えた実務家のことです。安全師範もほぼ同じ意味として用いられています。安全道場の門下生に技や技術、技能を教えるとともに、その精神性も含めて見本となる存在です。

安全指南役・安全師範の役割は、安全教育の基本の場となる安全道場で、法律や安全に関する知識を教えることが中心です。法律の必要性を理解させ、安全知識の理論的・データ的裏付けや体系的な整理をベースに、実践的で技能的なノウハウを示します。現地・現物を大切にし、初志一貫した姿勢で労働災害をなくすための指導訓練を行います。

安全指南役・安全師範は、単なる支援者やパートナーではなく、一種のカリスマ性を持った存在と言えます。座学での講師をはじめ道場での実技訓練、危険体感指導、安全作業実習、指差呼称などの規律徹底、安全合宿による個別指導、道場参加者が職場へ戻った後の出張指導などに尽力します。

そのような安全指南役・安全師範に必要とされる資質のうち、最も重要なものは多様性です。工場の作業現場には、多くの経験を積んだ人からキャリアの浅い人、海外出身者や非正規社員もいます。これらの人が存在するという多様性を理解しつつ、工場現場の安全を確保するために、毅然とした態度が必要です。

要点BOX

- 安全指南役・安全師範は安全上の知識と実務上のスキルを併せ持つ
- 心理面でも信頼のおけるリーダーである

安全指南役･安全師範の役割

安全指南役・安全師範の役割

労働災害を未然に防ぐため、法律や安全に関する知識、必要性および実践的、技術技能的なノウハウを指導・訓練する。

主な訓練内容

【講義】

・安全衛生法などの法律

安全ワンポイントレッスン
などの知識

など

【実技】

・実技訓練
・危険体感指導
・安全作業実習
・指差呼称などの規律徹底
・安全合宿による個別指導
・参加者の工場職場への
出張指導

など

安全指南役･安全師範の資質

安全指南役・安全師範の資質

安全上の知識と実務上のスキルを併せ持つと同時に、心理面においても信頼のおけるリーダーである

用語解説

指南車：磁石を使わず、左右の車輪の回転差により常に同じ方向を指し示す。自動車の差動ギヤに似た原理である

指差呼称：信号機など安全に関する計器を、実際に現地で対象物を指差し、安全を現認して「よし」と発声する。目、耳、口、手の並行動作により認知機能が活性化されることがわかっている

63 安全ワンポイントレクチャーの活用

ケガ防止のための「気づき」の第一歩

　安全に関する気づきや改善、標準化、見える化の状況を、安全ワンポイントレクチャーとして記録します。内容は細かく記録し、日々の作業動作に織り込んで災害を未然に防ぎます。作成した安全ワンポイントレクチャーシートは同じ職場の人と共有し、これによって職場の安全意識がさらに向上します。

　安全ワンポイントレクチャーシートは、気がついた人および改善した本人が作成します。様式は、1テーマにつき1枚とする方が整理しやすいでしょう。記述に際しては、簡潔でわかりやすい文章を心がけ、図や写真、マンガをできるだけ添えるようにします。

　具体的には、作業時のヤスリなど工具の使い方や、設備の圧力計など始業点検の仕方、安全保護具の着用方法など、基本的知識や改善事項が安全ワンポイントレクチャーのテーマ候補になります。記載方法としては、例えば単なる測定器の説明から、測定器の現状→問題点→対策→横展開というような改善効果までを取り上げます。なお、シートのフォーマットには作成者とその所属長、作成期日、関係者への説明実績欄を設けるとよいでしょう。

　作成された安全ワンポイントレクチャーシートは毎週、事務局が集約します。層別や4Mなどで分類し、ノウハウを集積します。朝礼において5分程度で公表し、共有して災害防止に即役立てます。ノウハウ化された安全ワンポイントレクチャーシートは、関係する作業場所に掲示し、理解に役立てます。作業ミスによる災害を防ぐとともに、安全道場で新入社員や学び直し社員の教育訓練に活用されたり、実技訓練用器材作成やその改善に利用されたりします。

　こうした安全ワンポイントレクチャーシートの活用は、各種提案書と同様に職場の活性化に大きく貢献します。作成内容の質的向上や作成枚数の増加、後輩への指導機会増などにより、安全作業への寄与と職場力のレベルアップに確実につながります。

要点BOX

- ●作成すること自体に意味がある
- ●不安全箇所に気づき、当該箇所と行動を削除
- ●ノウハウの蓄積や横展開、教育に役立てる

安全ワンポイントレクチャーの流れ

作成目的：安全に関する気づき、改善、標準化、見える化によって災害を未然に防ぐ

安全に関する気づき	
↓	
不安全行動・不安全箇所の削除	
↓	
安全ワンポイントレクチャーシートの作成	▶気づいた人、改善した人が作成
↓	
現場での理解・共有	▶朝礼などで説明し、理解・共有
↓	
災害防止	▶作業場所にも掲示し注意喚起
↓	
ノウハウ蓄積	▶事務局で集約・分類しノウハウ集化
↓	
横展開・教育訓練	▶新入社員、学び直し社員などに活用

安全ワンポイントレクチャーシート

【タイトル】	【作成日】○/○ 【所属長】△△△△ 【作成者】××××

【改善内容】
作業通路：緑、材料置き場：黄、
立入禁止：赤で区分けした。

現状 人、重機、材料の混在	問題点 人と重機の接触災害
対策　カラーコーンを使用して区分け	結果 事故件数90%削減

説明実績
現場：○/○、朝礼にて××が説明。作業員間での共有

作成ポイント

▶【タイトル】
1テーマ1枚

▶【作成者】
気づいた人、改善した本人

▶【内容】
・簡潔・わかりやすい
・図・写真・イラストで示す
・事例などは、起承転結で記述
（現状→問題点→対策→結果→横展開など）

▶【説明実績】
いつ、どこで、誰が、何をしたなど

用語解説

実技訓練用器材：作業現場に設置された切削加工機、溶接機、塗装機などの訓練設備。機械以外にも搬送具や治具、工具、作業台、電気・油圧制御装置、安全装置、保護具が含まれる。合格品や不良品、ポカヨケ、からくり機構などが展示されることもある

学び直し：中堅社員の知識や技能を最新レベルに更新する目的で、企業内教育や外部講習会に参加させること。専門学校や大学などに通学させることも含む

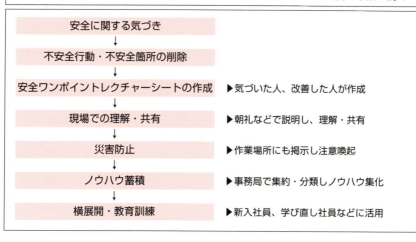

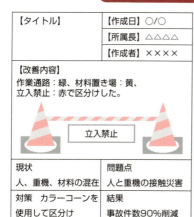

64 労働安全基準・安全ルールを実践しよう

各種基準・ルールを手元に置いて振り返る

労働安全衛生法には、多くの安全基準が示されています。さらに、各企業において独自に安全基準を設け、災害防止に努めています。工場現場では、生産技術が主管となって作成した生産技術標準や設備安全基準などがありますが、作業安全の分野では「作業要領書」や「作業手順書」で安全を含めた身近なルールを決めて運用しています。

トヨタでは、「標準作業組合せ票」に記載される動線図（工程順に作業者が移動する動線がレイアウト図に示されたもの）で、特に安全に留意する工程を緑十字で記載します。標準作業組合せ票は作業改善を行う際に、現状把握を目的とした表化（おもてか）をするために必ず作成するものですが、安全に対して特別に調査観察することを求めています。

改善後も、安全留意工程の確認を行います。作業手順書や作業要領書は、実作業者が作成するのが基本です。作業手順書や作業要領書を作成することにより、新製品を製造するための工程や設備、工具、設定条件などを詳細に理解できます。作業手順書には製品名や使用設備、材料など基本事項のほか、作業順序や各作業に使用する工具、治具、測定具なども記載します。一方、作業要領書にはセット基準など以外に、具体的な工具の持ち方、力の入れ方、作業姿勢など安全に関する重要動作を記載します。

作成時の注意事項は、①簡潔に記載する、②図や写真でわかりやすく記載する、③初めから完璧なものを求めず、随時良いものに改訂するという考え方で進めます。トライ時や初期流動時の作業により不都合な場面を遭遇したり、作業習熟や慣れによる不安全を発見したりする場合は即、改訂を行うべきです。作成した手順書は、作業時には守らなければなりません。日常の生産に作業者が積極的に関わることと、その責任感を醸成させます。

要点BOX

- ●生産技術標準、設備安全基準は生産技術者が主体となってまとめる
- ●作業手順書は現場作業者主体で作成

生産技術標準の例

生産技術標準　　NO.○○○-1　改正日△/△

安全防護物を超えて危険区域に到達する場合の安全距離

安全防護物の高さ・・・△△

危険区域の高さ・・・××

危険区域までの水平距離・・・□□

(単位：mm)

	安全防護物の高さ				
危険区域の高さ	1,200	1,300	1,400	1,500	1,600
	危険区域までの水平距離				
2,400					
2,200					
2,000					
0					

動線図

【レイアウト変更前】　【レイアウト変更後】

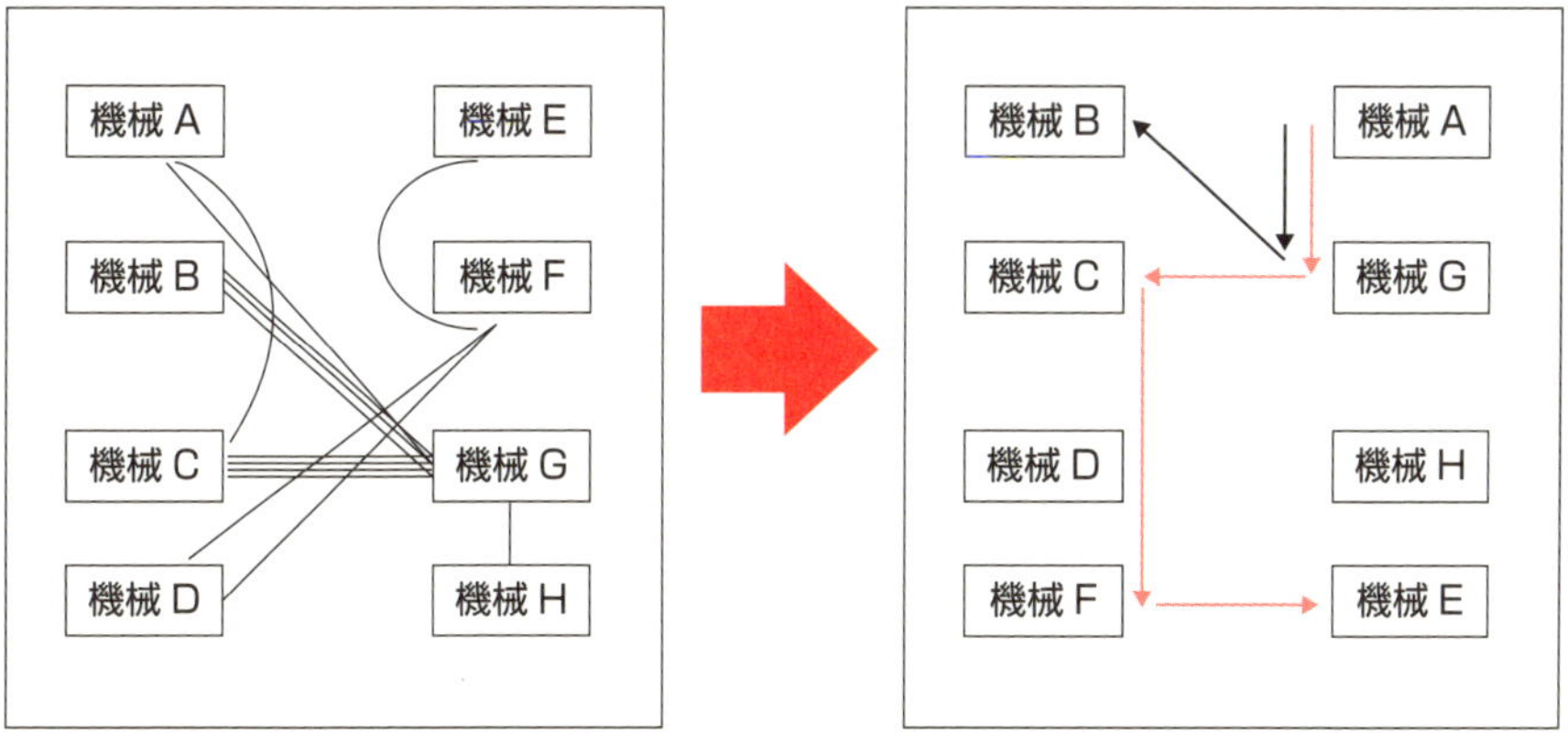

用語解説

生産技術標準：製品を製造するための生産方式、ライン、工程構成、個別設備仕様や使用部品、電気回路・機器、金型構造などを設備の品質、原価、安全、環境などを最適にするため標準化し、規格化すること（トヨタ生産技術規格：TMSとして規定）

設備安全衛生基準：生産技術標準の中、あるいは独立して設備安全衛生基準を設ける。安全防護装置、各種メカニカルロック装置、安全回路、安全電気機器などの構造、設備部品などが規定される。設備新設時や改造時に本基準を遵守する

65 安全教育の対象者

会社の1人ひとりが主体的に取り組もう

安全教育は、全社員を対象に行われます。習熟にあわせて実施され、役職者は階層昇格時に必ず研修を受けるようになっています。入社試験に合格した内定者は、企業理念や使命など具体的な活動を示した案内や、事前に読んでおくべき書籍などが送付されます。会社案内には製品一覧や組織のほかに、CSR関連で環境や安全衛生の取り組みを記載し、入社前に心構えの形成を求めています。

そして入社すると、新入社員には各種の教育が行われます。特に生産現場関連の部門の人には、作業衣や安全保護具、ケガの発生状況や留意事項が主に座学で教育されます。正式な配属の前に各工場で現場実習を行うことが多いですが、実習時には現場に応じて基礎的な安全衛生教育が行われます。

正式配属後は、作業に就く前に各職場に応じた具体的な教育訓練が施されます。溶接職場では、溶接用保護めがねや面、ヘルメット、溶接用手袋、安全靴など保護具の着用方法が伝授されます。具体的には、防塵マスクではマスクと顔面の間の空隙をなくし、溶接ヒュームなどが侵入しない着用方法の実習や、アーク溶接時では感電防止のための溶接器材の点検や作業方法を繰り返し訓練します。

作業経験が5年程度を経過した中堅社員になると、慣れにより、安全意識が薄れる場面が見られます。こうしたことへの注意喚起のほか、技術的に新たな知見を習得したり、安全衛生法の改訂や新たなガイドラインなどの公告に対応したりするため、教育が行われます。

また、管理・監督者への昇格の際にも実施されます。部下の安全衛生を守る実務能力のほかに、リーダーシップやコミュニケーション能力の向上を目的とします。安全衛生の要となる人材の育成です。

経営者はもちろん、安全に対する会社の取り組みや教育、投資指針のため外部機関でも学びます。

要点BOX

- ●企業全体の安全衛生に関する考え方や、実際に安全を推進する管理方法を徹底しよう
- ●現場での安全動作など一貫した思想で実施

CSR報告項目と安全項目表

【CSR報告事項】

1.品質への取り組み

2.労働安全衛生への取り組み

3.社会貢献への取り組み

4.環境に配慮した取り組み

5.従業員との関わり

⋮

○.コンプライアンス

【安全項目】

1.労働安全衛生方針

2.労働安全衛生推進体制と責任

3.労働安全衛生マネジメントシステム

4.緊急事態対応規定

5.労働災害発生状況

6.従業員教育・訓練

7.従業員の健康管理

安全教育の対象者

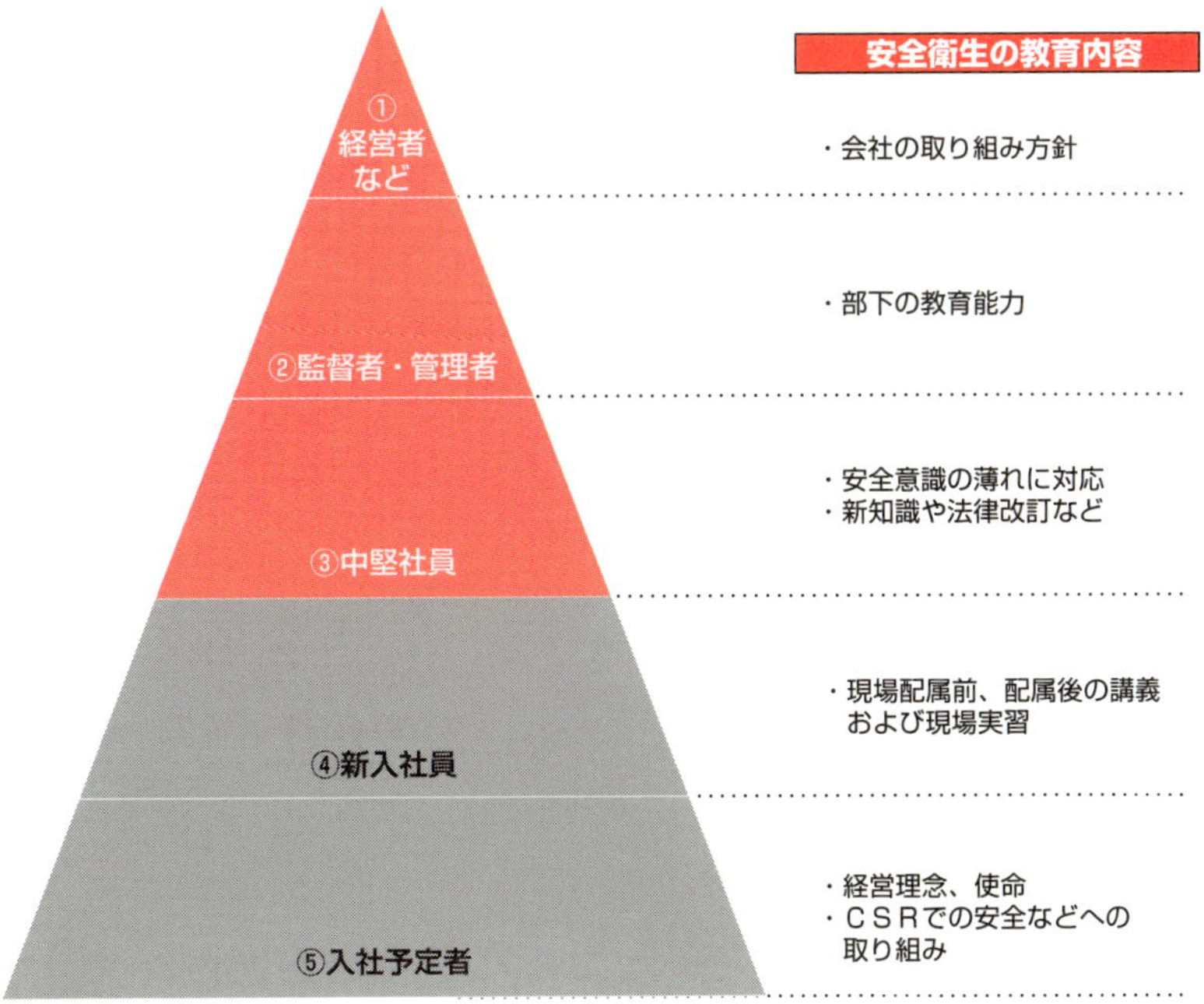

安全衛生の教育内容
①経営者など
・会社の取り組み方針
②監督者・管理者
・部下の教育能力
③中堅社員
・安全意識の薄れに対応
・新知識や法律改訂など
④新入社員
・現場配属前、配属後の講義および現場実習
⑤入社予定者
・経営理念、使命
・CSRでの安全などへの取り組み

用語解説

溶接ヒューム：被溶接物や母材がアークなどにより高温に曝され、気化して舞い上がった金属蒸気が気中で急速に冷却凝縮したもの。主成分は酸化鉄

防塵マスク：空気中の浮遊粉塵などを捕らえる。厚生労働省検定合格品は、面体とろ過材に標章を貼付。

Column

労働安全衛生に関する国家資格試験

　労働安全衛生に関係のある国家資格に、労働安全コンサルタントと労働衛生コンサルタントがあります。労働安全衛生法82条に基づく労働安全・衛生コンサルタント試験（国家試験）に合格した者で、同法84条に基づき厚生労働省に備える労働安全・衛生コンサルタント名簿に登録した者に付与されます。

　業務は同法81条に規定され、「労働安全・衛生コンサルタントの名称を用いて、他人の求めに応じ報酬を得て、労働者の安全・衛生の水準の向上を図るため、事業場の安全・衛生についての診断およびこれに基づく指導を行う」とあります。また同法86条の通り、信用を失墜する行為や知り得た秘密を漏らす行為は御法度です。

　試験の区分は、安全では機械・電気・化学・土木・建築の5種類です。衛生は衛生工学・保健衛生の2種類です。1次試験の合格後、口述式の2次試験が東京と大阪（いずれか選択）で実施されます。試験科目は産業安全衛生・衛生一般・産業安全・衛生関係法令が択一式で、安全・機械安全・電気安全・化学安全・土木安全・建築安全、衛生・衛生工学・保健衛生は記述式で、選択して解答します。

　受験資格の例としては、労働安全衛生法の第11条第1項の規定による安全・衛生管理者として10年以上その職務に従事した者などがあります。資格取得者の団体として、日本労働安全・衛生コンサルタント会が組織されています。

労働災害を発生させたとき
安全衛生管理特別指導事業場事業場の指定を受けたとき
計画の届出をするとき
機械設備・作業環境などの改善を行うとき
工場新設や新技術を導入するとき
安全衛生管理活動が停滞しているとき
安全衛生教育の講師の選定に困っているとき
安全衛生管理規程などの作成で困っているとき
適切な健康診断機関や作業環境測定機関を選定したいとき
安全衛生上の問題で相談相手がなく困っているとき

【引用・参考文献】

[1] 新井充、「安全第二」〝Safety First〟「安全専二」、東京大学 環境安全研究センターＶｏｌ・55 Ｎｏ．1（２０１６）

[2] 清水洋孝ほか、「t-m-SHELLモデル・ＲＣＡハイブリッド分析手法」、安全工学Ｖｏｌ・45 Ｎｏ．４（２００６）

[3] 臼井伸之助、「事故・ヒューマンエラー防止を目指して」、学士会会報Ｎｏ８５５

[4] 化学物質評価研究機構、「靴製品耐滑性試験」、ＪＩＳ Ｔ ８１０１：２００６

[5] 松浦清恵、「ＢＩＰ２活動の展開（１）トヨタオリジナル行動変容アプローチ教育の導入」、産衛誌Ｖｏｌ４８（２００６）

[6] 久田修義ほか、「働く人を中心に位置づけた自動車組み立てラインの開発」、オペレーションズリサーチＶｏｌ２（１９９７）

[7] 大川美彦、「感電災害の防止対策」、日本電気技術者協会

[8] 芳賀繁、「ヒューマンエラーの基礎知識」、労働安全衛生広報（２０１２）

[9] 宮川光雄、「トヨタの機械安全への取り組み」、日機連講演会資料（２００７）

[10] 伊藤和弘、「身近な人が熱中症になったら 応急措置は「ＦＩＲＥ」で」、日経Ｇｏｏｄａｙ（２０１７）

[11] 根本学、「トリアージ（ＳＴＡＲＴ法）知っておきたい臨床で使う指標」、看護ｒｏｏ（２０１６）

[12] 栗原史郎・日本機械工業連合会、「現場発ものづくり革新 安全は競争力」、日刊工業新聞社（２００９）

[13] 中村善太郎、「もの・こと分析で成功するシンプルな仕事の構想法」、日刊工業新聞社（２００３）

[14] 長谷川浩一、「ポカヨケの基本がわかる本」、秀和システム（２００９）

[15] 吉村達彦、「想定外を想定する未然防止手法ＧＤ^3」、日科技連出版社（２０１１）

[16] マイク ローザーほか、「トヨタ生産方式にもとづく『モノ』と『情報』の流れ図で現場の見方を変えよう」、日刊工業新聞社（１９９９）

[17] 石川君雄、「よくわかる作業改善の本」、日刊工業新聞社（２００９）

[18] 石川君雄、「よくわかる段取り改善の本」、日刊工業新聞社（２０１０）

[19] 石川君雄、「よくわかる5なぜの本」、日刊工業新聞社（２０１０）

[20] 石川君雄、「よくわかる設備改善の本」、日刊工業新聞社（２０１１）

ナ

ハ

マ

ヤ

ラ

サ

タ

索引

英数字

ア

カ

今日からモノ知りシリーズ
トコトンやさしい
トヨタ式作業安全の本

NDC 509.8
2018年3月20日　初版1刷発行

発行者　井水 治博
発行所　日刊工業新聞社
東京都中央区日本橋小網町14-1
(郵便番号103-8548)
電話　書籍編集部　03(5644)7490
販売・管理部　03(5644)7410
FAX　03(5644)7400
振替口座　00190-2-186076
URL　http://pub.nikkan.co.jp/
e-mail　info@media.nikkan.co.jp
印刷・製本　新日本印刷(株)

●DESIGN STAFF
AD―――――――志岐滋行
表紙イラスト――――黒崎　玄
本文イラスト――――角　一葉
ブック・デザイン ―― 大山陽子
（志岐デザイン事務所）

●
落丁・乱丁本はお取り替えいたします。
2018 Printed in Japan
ISBN　978-4-526-07834-7　C3034

●定価はカバーに表示してあります

●著者略歴
石川 君雄（いしかわ・きみお）

名古屋工業大学大学院博士後期課程修了 博士（工学）
㈱豊田自動織機で設備設計、自動車生産ライン等構築、工場建設、工場運営、TPS（トヨタ生産方式）、TPM（総合的生産保全）推進。トヨタ自動車田原工場建設プロジェクト参画。全トヨタ技術研究会（公害防止、NC型加工、PM設備保全）委員
日本機械工業連合会主催設備安全検討会委員（6年間）
現在、東海学園大学大学院経営学専攻客員教授、名古屋工業大学大学院電気・機械工学専攻非常勤講師、職業訓練校講師、愛知県中小企業診断士協会副会長、日本技術士会中部本部企画委員長、日本設備管理学会監事、愛知県グッドジョブアドバイザー、名古屋市専門委員、海外技術アドバイザー。中小企業診断士、技術士（経営・総監）、労働安全コンサルタント、第1種作業環境測定士
学術論文（査読）、特許：自動車生産技術関連で国内・海外多数
著書：「よくわかる設備改善の本」「安全は競争力～現場発ものづくり革新～」ほか
専門誌連載執筆：「リーンシステムと改善」（2年間）ほか
主な大学講演：マーラダーレン大学（スウェーデン）、早稲田大学、産業医科大学、南山大学など
主な海外講演・指導：中国、インドネシア、ベトナム、タイ、インド、スウェーデン、アメリカ、メキシコ、ブラジル、チリ、サウジアラビアなど